U0144566

從O到100的
議題桌遊設計實戰 ^{第二版}

國立臺北教育大學

自然科學教育學系 鄭秉漢 著

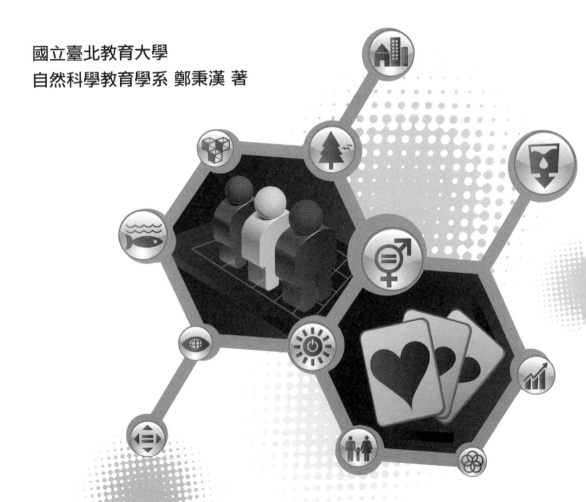

五南圖書出版公司 印行

致謝

　　當代桌遊通常有著豐富規則和有趣的劇情，吸引著各年齡層族群投入遊戲之中。從教育者的角度來思考，透過桌遊形塑完整的社會環境、促發學生融入議題情境、並進行問題解決、交流、與反思，很可能可以有效訓練學習者的論證、協商、同理、後設等高層次認知能力。本團隊過去已經發展了多套議題桌遊模組，不但在學術研究和教學推廣上證實了上述的論點，在實際的參賽經驗中，也獲得多項全國首獎榮譽的肯定。為了分享我們在學術上以及實務上的經驗，提供有志於開發教育桌遊者共同參與互動討論，我們在本書中分享了我們彙整的桌遊設計理論架構、實際可運作的各種桌遊機制與評估方式，以及學術經驗，供讀者參酌。

　　本書的啟動，首先要感謝團隊的主持人，也是我的恩師——國立臺灣師範大學張俊彥教授的鼓勵，啟發了我在議題桌遊開發這條路上不斷精進。其次，要感謝身邊一群非常棒的夥伴，包括庭光學長、仁哲、文獻、瑞皓、祐安、昭君、威宏、信嘉、嘉俊，在無數的夜晚中，我們不斷的參與遊戲、討論相關機制、精進遊戲趣味性，才能讓我們共同擁有今天所獲得的成果；也感謝一起推動本書中相關研究和教學推廣的仕燁、佩琪、偉翔、奕誠、茂達、慈瑤、筱筑、映君、彥凱、萬生、嘉瑞、致羽、惠羽和仕雯；以及志璋、信志、青蓉、慧芬、林靜、

貝珊、勇成，還有我的家人以及所有曾合作和協助團隊的人，也是因爲有您們而豐富了書的內容。最後，要感謝郁璇，一直陪著我研究、講課和活動，由於妳的支持讓我能持續投入在桌遊開發和推廣中，往前邁進。

　　最後，我們很期待透過本書，也能啓發讀者參與議題桌遊開發的興趣與創意。共同爲議題桌遊在教育上創造出更多元的可能性。

總主編　鄭秉漢

自序

　　遊戲的種類很多，桌上遊戲是玩家在面對面的情境中，藉由操作實體配件來運作遊戲規則，透過競爭或合作的模式來達成遊戲目標。相較於電玩、娛樂競賽、運動等不同類型的遊戲，桌上遊戲經常更注重個別玩家間的互動、溝通、協商、以及策略規劃等能力的運用。這些在桌遊中所展現的能力，不僅恰為我們當前教育所強調的核心素養，而且遊戲參與者在遊戲中所展現的專注與動機，為桌遊輔助學習開展了很大的可能性。

　　議題與我們生活、社會發展非常有關，近年來，議題教育推廣備受重視，也有許多具議題主題的桌遊被發展出來。已有相當的研究文獻顯示，透過桌遊能有效輔助學習。不過，目前的教育桌遊甚少思考如何透過桌遊的設計，提升學習者的高層次認知或社會化的議題相關能力。有鑑於此，臺師大科學教育中心遊中學科學團隊提出一個科學桌上遊戲設計模式，立基於建構與人文學習的思維，希望透過這個模式的發展，能夠降低教育桌遊設計的難度門檻，幫助桌遊設計者能順利的依據預期目標，設計出具有高度教育內涵的桌遊。

　　我們期待透過這本書，提出議題／教育桌上遊戲設計模式，能降低桌遊設計的難度門檻，幫助更多教育推廣者發揮創意投入議題桌遊的開發，提升參與者的學習動機、點燃議題探究的火苗、促成高層次認知與社會化相關能力的經驗與養成。

目錄

第一章　從 0 開始：議題桌遊與它們的 Aim

　　當讀者拿到這本書時，該如何閱讀此書呢？本書有八個章節，透過目的、基礎、概念、實作、擴展、教學、評量以及推廣的脈絡，引領讀者進入議題桌遊設計。讀者可以依自己有興趣的主題，閱讀對應的章節。但我們更建議依照章節順序來閱讀，可以全面性地建構對議題桌遊設計與運用的認識與了解。

　　本書結合著者群的實徵研究結果、現場教學經驗、並融合相關學術理論，來描述議題桌遊設計的要領，多方面探討議題桌遊的內涵，並提供範例以利於練習。正如書名，我們希望這本書能引導和激發讀者在議題桌遊設計的思維，並能實戰演練。

　　我們建議在閱讀此章時，聚焦思考：我想要從這本書獲得什麼？

一、前言：開始設計前的思考

議題即生活，生活即議題

　　當我們睜開眼睛，從白天漱洗到晚上關燈、從居家生活到出外行動，生活中不可避免地都會面對各種與自身有關，或涉及公眾與社會運作的議題，譬如水資源運用、能源使用、公共設施、選舉、公投

等。隨著我們所處的社會環境變遷快速、全球化互動的頻繁，日常會接觸到議題的頻率逐漸增加，種類也逐漸多元。

生活中處處是議題

　　在平常生活中，哪些議題是受大家關心的呢？我們可以參考教育部在十二年一貫課綱中所列出 19 項希望國民能了解的議題，包括：性別平等、人權、環境、海洋、品德、生命、法治、科技、資訊、能源、安全、防災、生涯規劃、家庭、閱讀素養、戶外、多元文化、國際、原住民族。國家實驗研究院也曾經針對民眾可能關心的社會議題，蒐整 14 大類，分別為糧食、勞動權益與薪資、資源、城鄉建設、國際政治與經濟、能源、人口、教育、健康、環境、災害、社會、政治、經濟與產業。此外，聯合國於 2015 年發佈了 17 項永續發展目標（SDGs），譬如糧食安全與永續農業、水資源衛生、健康、教育等議題。這些議題與我們息息相關。

　　議題即生活，生活即議題，由於議題攸關生活、人類發展與社會價值，因此，身為現代公民，應該要能理解和面對各類議題，並有所

行動。這不僅是知識的運用，也是對普世價值—尊重、關懷、正義、永續的實踐。也因此，促發對議題的關心與反思相當重要，我們可以透過多元的方式，促發大眾可以從基本的生活開始做起，建構對議題的認識，並養成面對議題的涵養。

設計議題桌遊的目的

對一個議題桌遊設計者而言，釐清自己的目的非常重要，如果在設計時沒有明確的目的，這將在議題內容、遊戲設計或是學習活動的安排上，都有可能會出現問題，這是因為我們將無法確實地掌握到底我們想要讓玩家在桌遊中的體驗。因此，對一個想設計議題桌遊的讀者而言，在開始設計桌遊前可以先問自己幾個問題，以釐清設計目的：

1. 這款遊戲的設計目標是什麼？（桌遊意義）

2. 它有什麼樣的議題內容？（遊戲主題）

3. 桌遊設計的對象是誰？（遊戲族群、議題族群）

4. 非使用桌遊不可的原因是什麼？（學習意義）

釐清設計目的，可以避免設計桌遊時陷入在目標、議題與遊戲之間的混亂與不平衡。例如：(1) 我想要讓玩家體驗議題，結果遊戲過度注重遊戲的趣味性、互動性，卻簡化了議題的深度，甚至將錯誤的知識放到遊戲中；這可能容易讓議題桌遊淪落成只是一個玩樂，對議題的反思較少、沒有預期的議題體驗，還可能影響玩家對議題的誤解。(2) 我希望玩家能快樂的學習，結果只是把課本資訊轉換成卡

片，沒有思考遊戲的趣味性；導致玩家在玩遊戲時的感受，幾乎跟看書差不多，玩家不會覺得自己在玩遊戲，也體會不到遊玩的樂趣。(3)我預期玩家能培養議題涵養，結果過度注重遊戲帶給玩家的知識量，沒有處理好學習過程與議題特性，也沒有良好的遊戲互動；這將導致玩家無法從中進行深度的學習。這些狀況都可能導致桌遊成為一個行銷的噱頭，降低了議題桌遊的深度與推廣性。

適性

在這邊我們所說的適性，是指議題桌遊內容應該與議題緊密扣合。當我們擬定好設計桌遊的目標後，內容的安排須符合議題的特性，例如：生活化、永續觀點、價值實踐等，我們不宜僅以「片段知識」或是「單一觀點」就開始設計桌遊。此外，若議題桌遊涉及學習目的，內容的編排就需要考量學習的範圍和學習對象的背景，因此桌遊的目標、內容、對象應相互一致。當我們規劃議題桌遊的機制、玩法、流程時，都需要因應不同主題、不同使用者而進行不同的規劃策略；相對的，桌遊活動的主持也需要因應不同環境而有不同的引導策略。桌遊關注玩家在遊戲中與環境的互動，而活動主持牽涉活動進行的引導、對議題的討論與學習反思，若沒有好的遊戲主持人，即便議題桌遊設計的再好，也無法將遊戲中的精髓傳達給玩家。

最後，設計時還須注意對象的適應性，因為不同年齡層的玩家，對事物的認知程度不盡相同，這些都會影響他們在遊戲中的判斷；像是小學低年級就比較難掌握需要抽象描述的遊戲（例如：說書人），也不適宜遊玩需要扭曲資訊的遊戲（例如：阿瓦隆）。

為什麼用桌遊？

　　教學現場重視提創新設計、創新教學。我們不妨回過頭想一想，創新的目的是什麼呢？

　　我們不斷地開發創新教材或教法，期望學生有正向的學習表現。例如：用魔術手法來吸引學習者對化學反應的注意力；教歌唱來強化對歷史編年的記憶；或使用科技電子書來閱讀課文；又或是玩遊戲來學習知識等。學習者在這些所謂「創新」教學方式後的學習成效，經常顯著優於傳統教學策略。可是，這些正向表現，會不會只是因為學習者體驗到一個新興體驗，所引發的好奇心與注意力，所導致的效果？如果學習者長期接受這些「創新」教學方式，真的能長期保持這樣的好奇心與學習成效嗎？

　　新奇效應（Novelty Effect）指的是進行教學時，若使用的教學方法、模式或工具對於學習者來說是新奇的、異於常態的，這時，學習的表現或結果，可能主要是學習者對「過程」新奇所產生的附加效果，而非教學法本身真的對認知學習能有顯著的助益。事實上，新奇效應不是能完全免除的，而且新奇效應也不是壞事，適當的運用它，將可以促發學習者對學習活動的興趣，開啟初步投入學習的動機。我們關注的是，當我們開發任何教學輔具時，應該要不斷地自我反思，學習者的表現到底是不是由於我們規劃的學習輔具本身所引發。

　　因此，如果我們在設計桌遊、主持桌遊時，只是把桌遊當作一種新奇的互動教具，卻忽略了學習的本質，以及遊戲的趣味性，很可能無法長期促發動機，導致玩家很容易就對該遊戲產生厭倦。

　　那，要怎麼觸發玩家投入遊戲的意願呢？

　　就議題桌遊來說，我們不會以遊戲類型的喜好做爲意願的觸發，因爲每個玩家喜好的類型不盡相同，追求在一款遊戲中滿足所有玩家的需求相當不合理；而且，以促發玩家的議題涵養爲目的的議題桌遊，應該關注在內容的建構而非遊戲類型（派對、抽象、策略、家庭等八類）的定調。事實上，當遊戲的情境和角色與個人經驗和現實生活有關，遊內容與操控具有議題的意義性與內容性，大多已可觸發學習者自主投入在過程中。

　　除此之外，如何引發參與者參與遊戲的動機，應爲遊戲規劃時的重要考量。動機可以區分爲外在動機與內在動機。外在動機是指藉由遊戲規則、遊戲故事、獎勵等驅使玩家投入遊戲；內在動機傾向玩家發自內心的感受，包括個人想探索議題、控制遊戲等心理狀態所觸發的行爲。桌遊設計的歷程中，經常會花上許多時間去思考如何拿捏兩者之間的平衡，以發展出一個具有趣味性、有深度的桌遊。

　　《廣雅》中提及「創，始也；新，與舊相對。」創新並不難，當你願意開始創造或是改造，這些都屬於創新的籌帷內；我們甚至可以這樣說，當你願意開始嘗試設計議題桌遊時，你已經爲整個社會注入了活水。

二、本書內容

議題桌遊之設計、運用與評估

　　正如前述，清楚的學習目的與目標將可以有效規範學習內容的範圍和使用對象。議題桌遊也不例外。為了達到桌遊運用於議題學習的目的，從桌遊的設計、彈性的應用、教學的主持、到表現的評估，都應有一系列具連貫性的實施方式；在此書，我們會藉由三個面向來說明和討論：

1. 設計進程：協助讀者逐步熟悉桌遊的內涵與設計。
2. 六模化：引導讀者分析、建立桌遊議題的脈絡與結構，強化議題目標、內容與對象的相互對應。
3. 議題學習：提供讀者議題桌遊運用在教學現場的主持原則，以及參與者於遊戲的學習表現的評估。

　　我們鼓勵讀者嘗試運用既有的、符合脈絡的議題設計桌遊，從議題內涵強化參與者的議題素養。相信很多讀者都有想要設計議題桌遊的念頭，但是苦無方法，或是不知道怎麼開始。不用緊張，我們將會在後面的章節一步一步的帶各位讀者，從 0 到 100 開始學習議題桌遊的設計、教學、學習評估，以確保遊戲在議題系統概念、價值態度、行為行動的培養的效果。

設計進程

　　如何開始設計桌遊？

　　可能一聽到這句話，心裡就會冒出：「這聽起來很難，更何況我是一個遊戲麻瓜，沒玩過什麼遊戲，我真的能設計遊戲嗎？」不用緊張，「設計」與「創作」是與生俱來的能力，我們習慣任何形式的創作，像是疊積木、哼歌、畫圖、表演等，而設計遊戲也是眾多創作的一種表現。考量每個讀者可能對於遊戲有不同程度的認識，我們將透過四個不同的階段來引導讀者學習遊戲設計，協助依據自己的程度，挑選進入議題桌遊設計的初始階段。這四個階段是依照我們的研究與實務經驗所分類而出，目的是幫助每個讀者紮實的學習遊戲設計。

1. 體驗階段─桌遊分析

　　如果你還不清楚什麼是桌遊，玩過的桌遊數量不多，在這個階段中，我們建議您務必先體驗市面上的十到十五款桌遊。同時，請試著在玩完之後，回想桌遊的運作模式與箇中趣味。

2. 教學階段─邏輯整理

　　我們建議已經玩過約十款以上的桌遊，也清楚知道桌遊進行方式的讀者，可將自己喜歡、擅長的桌遊進行分析，並嘗試開始進行遊戲教學。可以從一桌的三至四人先開始，有機會的話，可以增加到多桌進行的大場次。這個階段的目的是，培養讀者釐清與講解遊戲脈絡的能力。

3. 改作階段─脈絡建立

　　當讀者已具有桌遊的教學實務經驗，也能獨立閱讀遊戲規則書時，我們建議讀者可以嘗試改作既有的桌遊，譬如替換遊戲主題、增

加遊戲功能卡，而這個歷程將可以讓自己初步熟悉遊戲的設計流程。初學桌遊設計的讀者可以先試著調整醜娃娃、髒小豬這兩款機制簡單，而且主題的變化性高的桌遊，應該對未來學習發展桌遊有很大的幫助。

4. 設計階段—結構細化

　　這個階段中是本書談最多，也是讀者最需要花心力閱讀的地方。開發桌遊之前宜先擬定好遊戲目的，選定遊戲主題（議題主題），然後轉換成具體的遊戲結構與回饋機制。我們將引導讀者透過六模化設計議題桌遊，遊戲設計可以很快就完成，但是，遊戲的精緻化將會是一個不斷反覆測試的過程。請記得，這不可能獨自一人就能將遊戲開發完成，請召集好身邊的朋友、同事一起參與討論與測試，精緻屬於你的議題桌遊。

　　體驗、教學、改作三個階段，可以按照順序學習，也可以同時並行，我們建議讀者先熟悉前三個階段後，才開始進入設計階段，這樣子才能在設計上更紮實。

遊戲設計的好幫手：六模化

　　六模化（6M）是一個桌遊的設計思維和方法（圖），它能協助每一個讀者設計出專屬於自己的議題桌遊，同時還能檢視設計結果。六模化的內容包含了模擬化（SiMulation）、模組化（Modularity）、模式化（Mode）、模型化（Modeling）、模板化（Mold）與模件化（Mimicry）。設計者在設計議題桌遊時，能反映議題情境、呈現議

題脈絡，並促使參與者在遊戲中體驗議題內涵。我們會在後面的章節，針對六模化的每一個步驟，做更詳細的解說和實戰演練，在這邊我們先初略介紹。

設計桌遊的好幫手：六模化

1. 模擬化（SiMulation）

　　模擬化是將議題情境模擬至遊戲，透過遊戲的結構來呈現議題的系統。幫助玩家能在模擬的情境中，獲得與真實情境相似的經驗，未來得以將遊戲中的所學運用到現實中。

2. 模組化（Modularity）

　　模組化是將龐大的議題系統切分成數個子系統，使用者可依需求挑選一個或組合數個子系統進行學習，以提高內容學習與遊戲時間的彈性。

3. 模式化（Mode）

　　模式化是將議題桌遊設計過程步驟化，讓設計者有一套可依循的設計脈絡與方法，包含四個分析項目以及系統導向和回饋導向的設計思維。

4. 模型化（Modeling）

模型化是將議題中的概念透過類比模型，呈現在桌遊的遊戲目標與回饋機制中，並檢視其符合程度。這讓玩家在受目標牽引、動手操控機制的同時，體認和學習議題。

5. 模板化（Mold）

模板化是基於設計理論，將龐大的遊戲資訊轉換成遊戲美術的一種套用方式。它的目的是幫助不會繪圖的讀者，可以自行繪製出桌上遊戲的配件。

6. 模件化（Mimicry）

模件化是基於模型化的「學科概念—回饋機制」轉換套件。它讓設計者能藉由兩者間可相互轉換的性質，簡便地參考、套用和建構出學習為主的桌遊，同時也能增加玩家的代入感。

議題學習觸發

議題桌遊的目的是議題推廣，提升大眾的議題涵養，也因此，議題桌遊應該具有觸發學習的效用，引導參與者能在遊戲中學習，並將遊戲中的所學運用在生活中，讓他們能了解和面對各類議題，進而有所行動。為了達到上述的效果，遊戲的設計要有所規準依據，也還須思考遊戲設計完以後，如何進行學習活動的教學主持，最後，應規劃適切的學習成效評估。

議題桌遊的設計，需符合議題、遊戲與學習的內涵，讓玩家在

遊戲中得以建構對特定議題的認知與脈絡，培養相應的態度、價值觀與行動意圖；將桌遊運用在教學現場時，則需考量參與者的狀態，維持適當互動和引導反思討論；而參與者在遊戲中以及遊戲後的學習表現，以及長期的遊戲推廣，也都是具有學習內涵的議題桌遊應該注重的面向。上面這些課題也都會在後續章節說明與練習。

三、文章架構

本書共有八個章節，脈絡性地引導讀者思考設計目的、認識議題桌遊的基礎，然後進行遊戲的設計，還有遊戲產出後的教學的主持與學習評估。我們將從議題學習、六模化、設計進程三個面向，說明議題桌遊的設計思維與教學運用（圖），從中釐清議題內涵、認識桌遊組成、了解教學意涵，讓讀者從 0 到 100 的設計議題桌遊並運用在教學現場中。

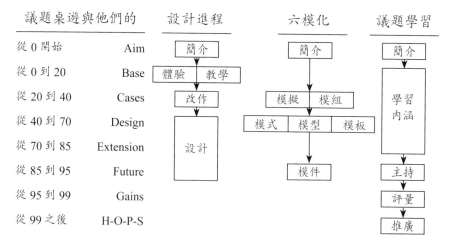

議題桌遊與他們的		設計進程	六模化	議題學習
從 0 開始	Aim	簡介	簡介	簡介
從 0 到 20	Base	體驗　教學		學習內涵
從 20 到 40	Cases	改作	模擬　模組	
從 40 到 70	Design		模式　模型　模板	
從 70 到 85	Extension	設計		
從 85 到 95	Future		模件	主持
從 95 到 99	Gains			評量
從 99 之後	H-O-P-S			推廣

本書架構

1. 第一章「從 0 開始：議題桌遊與它們的 Aim」

　　本章在帶領讀者探索設計議題桌遊的「目的」，以及思索設計議題桌遊應有的「思維」，兩者有助於我們在設計遊戲前，確認應該實施的方向。

2. 第二章「從 0 到 20：議題桌遊與它們的 Base」

　　本章內容勾勒議題桌遊的基礎：「議題」、「遊戲」與「學習」。了解它們有助於我們建立設計遊戲時應有的觀點，搭建自己對於桌遊的認識與基礎。本章也會帶大家體驗議題桌遊、說明桌遊教學要點。

3. 第三章「從 20 到 40：議題桌遊與它們的 Cases」

　　我們將說明議題學習桌遊的設計思維：「議題六模化」，以及其中的設計方法「模擬化」、彈性學習的「模組化」。本章也會帶大家繼續桌遊設計的下個階段：改作。

4. 第四章「從 40 到 70：議題桌遊與它們的 Design」

　　以描述議題桌遊設計脈絡「模式化」為主，以及概念融入原則「模型化」和配件美術的「模板化」。此外，也會帶大家以系統導向脈絡為主，設計以傳達議題系統為目的的桌遊。

5. 第五章「從 70 到 85：議題桌遊與它們的 Extension」

　　本章基於議題系統，說明和練習議題桌遊在態度觸發與行動意圖的擴展設計；也會提供增加學習效用的媒材設計，包括科技的運用、

遊戲組成的強化。

6. 第六章「從 85 到 95：議題桌遊與它們的 Future」

　　本章會帶讀者了解具設計方便性和資料庫功能的「模件化」，以及議題桌遊的後續運用與教學，強化桌遊的延續性。

7. 第七章「從 95 到 99：議題桌遊與它們的 Gains」

　　我們會說明議題桌遊關注之學習與獲得；亦分享可用於評估參與者學習表現之方法與評量。

8. 第八章「從 99 之後：議題桌遊與它們的 H-O-P-S」

　　「H-O-P-S」是團隊簡稱，全名是「Heart on playing science」。此章我們將從教育推廣者的角度，基於團隊的經驗，分享桌遊的後續使用與推廣。99 之後的 100，是自身不斷地前進，精進於議題學習桌遊的設計、教學和推廣。

　　書的每一章節都說明了特定的主題，協助讀者思考和釐清議題桌遊的設計與運用。如果你讀這本書的目的是：

• 想對議題、遊戲和學習更加了解，可讀第二章；

• 想知道如何將議題系統化為遊戲結構，建議讀第三章；

• 想了解如何設計基於學習目的的議題桌遊，可讀第四章；

• 發展能觸發議題態度與行動意圖、強化學習的桌遊，可讀第五章；

• 快速設計具學習效果的桌遊、了解如何進行教學主持，可讀第六章；

• 了解議題桌遊可關注的參與者的表現，以及評量方式，可讀第七

　　章；

• 想進行議題桌遊的推廣，或在實施時仍有一些問題，可讀第八章。

　　我們建議大家在閱讀每一章前，先瀏覽該章的摘要，摘要會先前情提要前一章的內容，然後總結本章的內容，思考章節間的脈絡；也會給予一些提問，供讀者在閱讀該章時的思考方向。而在內文中，我們會談一些例子或理論，若有興趣可以查詢相關文章，做進一步地閱讀。我們也著重實作練習，在每章說明議題學習桌遊設計後，都會有動手設計的練習，建議各位讀者在閱讀本書時，除了筆記重點外，也請完成書中的任務。

閱讀本書的思維

第二章　從 0 到 20：議題桌遊與它們的 Base

　　前一章「議題桌遊與它們的 Aim」描繪了設計議題桌遊的大概念，說明了我們的目的、閱讀此書的思維、從 0 到 100 的設計進程以及六模化。

　　在此章，將帶領大家勾勒和建立我們對議題桌遊的理解和觀點，增加讀者的基礎認知（Base）；包含對議題的了解、對遊戲的了解、對學習的了解，以及議題桌遊的內涵。我們建議在閱讀此章時，每讀一個小節就與自己的經驗做連結，強化自身對這些概念的體認與了解。

　　我們建議在閱讀此章時，聚焦思考：我為什麼想設計議題桌遊？

一、對議題的了解

議題是什麼？

　　在日常生活中，我們常常會將問題（problem）與議題（issue）兩個詞交互使用，造成很多社會大眾認為這兩個詞是同義詞。那，議題與問題，有什麼不同呢？根據環境學家洪吉福（Hungerford, H. R.）與博歌（Volk, T. L.）對問題之定義，是「當某事處於危機中」，問

題便產生了；但「當人們對問題應該採取的措施，有不同的信念和價值觀」時，議題才會存在。

　　例如：非洲大象瀕臨絕種是個問題，但人們對於非洲大象絕種的立場，或應該如何處理瀕臨絕種的大象則有不同的想法時，這就會是一個議題；但如果大家的處理想法一致，那麼非洲大象瀕臨絕種便不是個議題。同樣地，石化燃料燃燒產生的二氧化碳造成地球暖化是個問題，而人類要如何處理正在暖化的地球環境便是我們所熟知的議題。

　　議題立基於問題，會因為參與者立場、背景不同，而影響到看待議題的視角，進而影響到解決議題的選擇。根據美國傳統英語字典（The American Heritage Dictionary）對議題所下的定義，是「討論、辯論或爭議的要點或事項」；另外，也有「兩方或多方之間有爭議的事項」、「公眾關注之事」、「懸而未決的事情準備做出決定」等意涵。這顯示了議題本身具有爭議與討論的特性，而這特性即是因議題中的個體或族群持有不同觀點與看法所致。在電視或新聞報導中，我們常常聽到時事評論員針對議題發表自己的想法，例如：「寶傑，你怎麼看？」，從對談中便可觀察到不同個體間所持的相異觀點。

　　議題源於問題的產生，在這快速變遷的社會，問題一直都會存在於你我周遭，包括家庭運作、兩性相處，或災害防救、法律政治等種種問題和議題，無一不與我們的生活息息相關。這些問題的處理方式牽涉到每個人的信念、價值觀與態度，可能有些人會漠視問題，管它如何發展都不關我的事；可能有些人會積極面對問題，但只思考自身的立場。其實，議題本身與處理方式本身並沒有絕對的對與錯，重

要的是，我們是否能去了解問題，並運用科學客觀的方式尋求問題解決，或是對不同的處理方式表達觀點。

議題與我們

在現代社會中，能表達觀點的不僅僅是政府或在地居民，隨著網路的普及，社會大眾也有許多可以表達自己意見的管道，議題的參與不像過去一樣，只被限制在特定的少數人之中。當與大眾有關的問題顯現，透過口耳相傳或媒體傳播，加上不同身分、文化與族群的觀點表達，成為大眾所關注的事件，議題便因此進入到我們生活中。

我們以「深澳電廠更新擴建計畫」為案例，此電廠位處新北市瑞芳鎮，在 1960 年完工啟用後，為當時全球最先進的發電設施，亦為東南亞最大的發電設備，供應全台超過三成的用電量。而在 2007 年第一階段除役後，政府便開始計畫提升發電機組的品質與效率，以面對未來全台用電量不足之困境。站在政府的立場上，政府所關注的是電量不足，那其他人呢？

有人關注在健康，評估電廠運轉後的 15 年內，鄰近的縣市將有數百人會因 PM2.5 之空氣汙染危害而死亡；有人關注海洋環境，認為棲息於當地的珊瑚礁群，可能受到更大瓦數燃煤電廠所排放冷卻水之影響，導致珊瑚白化。以上有關電廠運作與否的問題，涉及政府對供電、在地居民對健康，以及大眾對環境的看法，不同的個體與族群對同一件事會有不同的想法與觀點，自然也會對問題的處理方式存有歧異，產生爭議。直到此案於 2018 年的全國性公民投票中被提為其

中一案，並於網路社群、新聞政論中流通與評論，最後，全國公民表決停建。

　　又例如：2013年的洪仲丘事件，原先看似是一個國軍體罰事件，但是隨著事件的相關證據出現後，漸漸牽扯出更龐大的軍審問題，然後在媒體與網路的推播下，變成了大眾關注和討論的軍法議題，還發起了白衫軍運動，最後更促成了軍法的改革。

　　在這些社會議題案例中，顯現了大眾參與公眾議題的權利與義務，現代社會所發生的事情都有可能影響人類之間或與環境之間共存的關係，因此如何在面臨不同問題時，能聽取各方看法與意見，在深思熟慮後做出適當的措施，是現在公民與未來世代公民所要面對的課題。我們必須共同決定我們的未來，將議題視為生活的一部分，考量他人群體的存在、與環境的共生，才能使世代永續發展下去。

對於議題，我們都有不同的看法

議題的特性

　　議題與社會和生活相當有關係，它強調多元的觀點（價值立場），從中尋求和選擇各種可能的方案，所以與問題相比，議題沒有絕對的標準、正確的答案，只有依現況、文化做出相對合適的選擇。基於議題的問題處理與觀點內涵，有學者針對議題整理出以下五個特性，供大家參考和了解：

1. 時代性

　　議題的重要性，可能會隨著時代思潮與社會變遷，較以往更為薄弱或凸顯。議題會因應當代社會的需求，而有相應的關注點。

2. 脈絡性

　　是指議題與立場、情勢之關聯性。議題是由問題、多元觀點所產生，同時也會被其他因素所影響，例如：國際情勢、國內環境，或是基於願景、滿足理想等。

3. 變動性

　　議題可能因社會變遷、時間與空間的變動，在內涵上發生改變。也可能在關注的內容上有所增減，甚至有新議題出現。

4. 討論性

　　議題處理攸關社會發展，因此議題也是人類社會發展中具高度討論的問題，而社會各界對同一議題可能存在對立的觀點和意見。基於他們的觀點，而有不同的討論、分享與決策。

5. 跨領域

　　議題通常很難從單一的學科知識即可全面理解與解決，因此議題經常需由跨領域的角度去探究，以獲得較爲全面的理解，從而對具爭議性的問題得以有效回應與處理。

議題涵養的促發

　　議題涵養是個人在面對問題與議題時，能搜尋與吸收各方資訊、了解議題脈絡，並進一步深入思考自己的看法、分析他人的觀點，與他人共同討論出解決方案，甚至對該議題產生實際行動。因此，議題涵養的促發，需讓參與者親自參與在議題裡，站在不同立場下進行思考，從中探究議題內涵。我們團隊偏好使用議題桌遊來讓玩家從中促發議題涵養，因爲桌遊可以創造模擬的問題，建立議題的脈絡性，也能呈現玩家間的討論性，營造眞實的社會互動。這讓參與者在主動參與的過程中，促發他們覺察問題的存在、探究根本原因；透過主動的分享與討論，形塑在社群的歸屬感，發展未來憧憬；在行動獲得回饋後，建立群體之力能改變現況的想法。

二、對遊戲的了解

　　相信當讀者正在閱讀本書時，或多或少已經對議題遊戲有初步的認識，在此節我們需先釐清幾個問題，來幫助讀者在桌遊設計的基礎上更爲紮實。而第一個問題就是，什麼是遊戲？

什麼是遊戲？

「遊戲（Game）」這個單字我們一定不陌生，但是當我們被問到什麼是遊戲時，我們會怎麼回答呢？

有人說遊戲是一連串的選擇⋯⋯

有人說遊戲是一個系統⋯⋯

有人說遊戲是微縮的社會⋯⋯

也有人說遊戲是在規則下有目的的行為，但是如果基於這條準則來說，短跑或競技也有明確的規則，而且其目的很明確——追求第一。有趣的是，我們會把短跑或競技稱之為遊戲嗎？亦或，在課堂或活動中，我們有時也會透過「123 舉手」來爭取發言權，這個行為本身也有明確的規則，但是我們應該不會說，「123 舉手」是遊戲。那麼，什麼是遊戲呢？

在學術上，遊戲的定義很多，不同的學說、遊戲設計師往往會有一套對於遊戲的定義。在此，我們以謝爾（Jesse Schell）的著作「遊戲設計的藝術（The Art of Game Design）」來解釋什麼是遊戲，他將遊戲分成四個元素，透過這些元素，得以構成基本的遊戲，市面上的遊戲也脫離不出這些元素：

美學（Aesthetics）

美學涵蓋遊戲中的美術、風格、介面、音樂、外觀、特效等玩家在遊戲會體驗到的感受。

故事（Story）

故事除了我們所熟知的「說故事」的意思以外，遊戲也應包含主題、事件、背景、敘事方式等特質。

機制（Mechanics）

機制代表了遊戲的規則，同時也是遊戲的核心部分；它包含了遊戲目標、遊戲流程、數據、勝利條件等，透過上述規則、目標來驅動整個遊戲的進行。

科技（Technology）

製作遊戲所需的基礎技術、知識。

在了解四個遊戲中的基礎元素後，我們可以知道的是，遊戲不是玩具，也不會是謎題；它不是命令，更不僅是系統或流程。舉例來說，當我們在房間裡，看見幾塊積木落在地板上，我們會說：「喔，它們是一個玩具。」而不會說是遊戲。但如果今天在這些積木當中，用顏色、形狀來作區別，並創作玩家與積木之間利用這些區別的互動機制（即遊戲規則），以及一個達成目標，這樣一個簡單的遊戲就從中誕生了。例如，你是一個奇幻建築師（故事），目標是在 30 秒內把同顏色的所有積木（美學、科技）各自疊成一個物體，且只能一個疊一個（機制）。

由此可知，遊戲不只是目的與行為，也不單純只是「選擇」的串聯，而是在美學、故事、機制、科技這四個元素交互作用下，藉由

系統性設計所產出的產品。值得一題的是，這四個元素應沒有高低之分，而是同時並存在遊戲中。到了現在，隨著科技的進步，遊戲在這四個元素的運用與創作趨向多元化，而且與許多的互動媒體、影音的界線開始趨向模糊。在國外，甚至有遊戲設計師希望可以打破「遊戲」這個專有名詞，也有學者傾向於將遊戲視為互動體驗。

為何而玩？

到了二十一世紀的今天，遊戲已經成為我們生活娛樂的一部分，遊戲的族群分布很廣，從學生、社青到銀髮族都可以看見遊戲人口。我們，是為何而玩？

在生活的八十年當中，除了追求生存與繁衍以外，我們可能還追求像是藝術、音樂、美景或是品嚐美食等，跟生存完全無關的技能。早在三萬六千年前，當人類還躲在洞穴生活時，即便周遭都是猛獸環繞，就已經開始在牆壁上開始畫起第一幅畫。這是為什麼呢？藝術創作與基本生命生存沒有直接關係，但那個單純為了藝術而畫，不斷激勵我們、引起我們追求創作的動機是什麼呢？

這對每一個個體來說都不盡然相同，但對大部分遊戲設計師而言，追求的動機很簡單，就是要有趣（Fun）。有趣這個單字的字義是歡樂的泉源，會讓我們具有充實的滿足感，我們會為了追求有趣，透過許多的手段或方式來達成，玩遊戲就是其中之一。遊戲設計師柯斯特（Raph Koster）曾說過，遊戲提供的了解與控制，以及解決謎題的行為和成就感，讓我們覺得玩遊戲是有趣的。這也是有些人總會在

空閒的時候、甚至忙裡偷閒的時候，選擇玩遊戲。

　　為了有趣，所以我們玩，愛玩是人的天性，但是怎樣的遊戲，會讓我們選擇去玩呢？

每個玩家喜歡的遊戲都不盡相同

無聊的遊戲與遊戲週期

　　小時候，我們都有玩過井字棋（圈圈叉叉）的經驗，小朋友們總是可以持續投入井字棋的競賽，且樂此不疲。不知道從哪時候開始，我們開始發現，玩井字棋似乎總是難以分出勝負，或許因為這樣，慢慢的開始對這個遊戲產生不了興趣。這樣的經驗，相信每個人或多或少都有經歷過。那，我們開始對井字棋這個遊戲產生厭倦感的原因是什麼呢？當我們很容易就掌握了井字棋那甚少的對局策略，再加上只要兩個人沒有出錯的情形下，所有的對局都會導向和局，獲得不了成就感，將讓人喪失挑戰感，不會對遊戲再感到有趣，我們不知道還有

什麼理由要再玩這個遊戲。

　　遊戲的生命週期即是「遊戲週期」，也就是在市場（玩家）的存活度，有些遊戲的週期性短，我們可能會玩一段時間後就不玩，像是曾經非常火紅的手遊「水果忍者」，在全世界累積的玩家人數超過二十億次下載，但是到了今天，它的玩家人數幾乎寥寥無幾。爲什麼呢？因爲遊戲勝利方式容易被掌握，再加上玩法單一、策略少，使得玩家很快就會厭倦。

　　在我們還無法掌握遊戲的全貌時，最開始會對遊戲產生好奇，嘗試學習這個遊戲的模式，從中得到樂趣；但是當我們不斷地反覆遊戲行爲，發現這個遊戲的勝利策略，遊戲中的策略單一或挑戰已經遠低於玩家能力時，遊戲就不再帶給我們趣味、感到無聊，就不會想再玩，就像井字棋一樣。所以，如何讓遊戲不會馬上被玩膩，是設計遊戲時的重點。

　　每一款遊戲都有它的週期性，但是我們可以藉由改動規則、調整數值、增加配件或是主題等，來延長它的遊戲週期。以線上遊戲爲例子，遊戲企劃在每一個遊戲版本中，都會規劃這個版本的遊戲週期是多長。一旦週期一到，或是玩家人數開始下滑，遊戲企劃這時會在遊戲中增加活動，或根據玩家的回饋來調整和頒布新的遊戲版本，好觸發玩家的好奇心和刺激玩家的策略，藉以延長遊戲的週期。

　　這個方法也被適用在其他的電子競技遊戲中，像現在最火紅的MOBA類遊戲「英雄聯盟」，在每一年的賽季中都會有一個重大改版，以及五到十個不等的遊戲改動，這個改版和改動會影響這個賽季的遊戲生態與遊戲玩法，可以說每一個版本都像是一個新的遊戲一

般。這樣的做法讓這款遊戲從封測開始到現在，仍舊是當今非常多人玩的 MOBA 類遊戲。

　　而有些遊戲即便不常改版，我們也會一玩再玩，遊戲週期極長。像是微軟所發售的世紀帝國二已經有二十年的歷史了，時至今日仍然是 Steam 平台上非常活躍的遊戲，許多的遊戲玩家爲了追求世紀帝國二的天梯排名，仍然不斷的鑽研這款遊戲。在世紀帝國二這款遊戲當中，玩家會從眾多的文明當中，選擇自己喜愛的文明在地圖中進行遊戲，而且會因爲地圖、地形、資源、和別的玩家的互動，影響自己的科技發展；換句話說，在世紀帝國中的每一場遊戲都是獨一無二的，這使得玩家能一直從中獲得趣味。

　　桌上遊戲自然也要思考遊戲週期，有些遊戲設計師爲了讓遊戲的遊戲週期延長，則是會推出擴充版本，或是增加新的遊戲故事。像是大家常聽到的卡卡頌（Carcassonne）、卡坦島（Catan）、電力公司（Power Grid）等，都是在既有的遊戲玩法中，添加了其他的小規則和對應的配件，連出了好幾個擴充版本，來增加這款遊戲的遊戲週期。

桌上遊戲

　　有別於歐美國家的桌遊發展，臺灣對「桌上遊戲（Tabletop game）」這個單字的認識是直到近十年，在經由許多桌遊出版社的代理，以及在玩家之間的推廣下，慢慢的被廣爲人知。桌上遊戲簡稱桌遊，顧名思義是在桌上進行、透過實體配件表現的一種遊戲，麻將、圍棋、大富翁等皆屬於桌遊，也有人會將它稱作不插電遊戲；但

在現今科技的發展下，桌遊不侷限僅使用卡牌、圖版等實體配件來運作遊戲，部分桌遊也開始融入擴增實境、數位程式等技術。與數位遊戲不同的是，桌遊的特色在於實體互動性，包含與遊戲物件的互動、與玩家的互動。

在遊戲演進的歷史上，桌遊扮演著不可或缺的角色。其發展的歷史可以回朔到西元前 3500 年左右，在古埃及王朝陵墓發現的「賽尼特棋」（Julius Perdana），也是目前已知最早的兩人桌上遊戲，這款桌上遊戲不只是作為埃及人生活娛樂使用，同時也是埃及人的下葬品。除了賽尼特棋外，在東西兩方的文化發展脈絡中，我們皆可從文獻中窺見桌遊的出現；而這些古老的遊戲，往往都伴隨著當時的文化培養與訓練目的，例如：具文化氣息的日本桌遊「花札」、軍事推演遊戲「象棋」、「圍棋」。桌上遊戲也具有遊戲的四個元素（美學、故事、機制、科技），但為了強調與數位遊戲的不同，我們依據桌遊的特性，將其分成「主題情境」、「流程規則」、「實體配件」三個主要組成。簡單來說，桌遊的背景主題涵蓋了遊戲世界觀的描述，不同於單純使用文句描述的說故事方式，桌遊在於「透過流程規則來說一個故事」，並且讓玩家「操作實體配件來演一個故事」，享受在遊戲的世界中。

這聽起來有些抽象，我們舉個例，在「瘟疫危機」這一款桌遊中，故事背景描述人類世界爆發出四種致命的病毒，疾病不斷地傳染，甚至每過一段時間還會發生大爆發；在遊戲中玩家必須彼此合作在時間內，阻止病毒的擴散，並研發出可以根治病毒的疫苗，才能從遊戲中獲勝。遊戲玩起來的帶入感非常地強，玩的過程就像自己在演

一部電影，疾病持續地傳染和爆發，玩家透過有限的手牌來實施各種行動、與隊友討論好策略，跟時間賽跑、阻止病毒的擴散。如果時間拖到後期，或疾病已經爆發到不可控制的地步時，四種疫苗還沒完成研發完成，遊戲就算輸了，世界也隨之淪陷在病毒的危機中。這款遊戲除了情境安排良好，也體現了玩家間的即時合作與分工、討論與互動，而這也正是桌遊的特色。

　　值得注意的是，不論是數位遊戲或桌上遊戲，玩家會為了獲得趣味，學習怎麼「玩」遊戲，自發性地、反覆地挑戰任務和接受失敗，直到能在遊戲中獲得控制與解決問題。換句話說，當我們適用得宜，遊戲也可以是學習的「催化劑」，而當遊戲的設計具有學習的目的時，遊戲也就能扮演起老師的角色。

換你做做看

1. 你覺得什麼是遊戲？試著列舉你覺得遊戲需要具備的三個特性。
2. 分享一款最令你印象深刻的遊戲，並試著回想它為什麼這麼吸引你。

三、對桌遊應用於學習的了解

學習是什麼？

　　提了這麼多次「學習」，那，什麼是學習呢？廣義來說，「學習」是指因自身經驗與外界環境進行交互作用，致使自我在智識、行

為、能力或心理有持久變化的過程。狹義來說，則是通過各種手段來獲得知識或技能的過程，使個體可以得到持續的變化。「學習」一直被社會高度重視，許多人不斷地探索和研究「人是如何學習的」、「怎樣才能促進有效地學習」，這也是為什麼每隔一段時間，各種課程改革或教學改革會不斷地被提出。

那，進一步思考學習的意義和目的，又是什麼呢？我們先思考過去的臺灣環境，似乎傾向賦予孩子一個學習的目的，那便是不斷地把考試考好，考到好高中，然後再考上一流的大學，對吧？可是，仔細思考，實際上，學習不應該以考試為唯一目標，也不僅侷限於在學校教育中。學習即生活，生活即學習，聯合國教育、科學及文化組織（UNESCO）就提出學習是：學會與人相處、學會追求知識、學會積極做事、學會自我發展，還有學會改變。其實，學習的意義與目的不是為了他人，而是在於充實自我、自我實現。

而近年來，受到各種社會變遷的影響，例如：網路資訊發展快速、新興產業不斷增加，以及民主參與更趨蓬勃、社會正義意識覺醒、生態永續益受重視、全球化與國際化，除了更重視個人學習的養成，學習的主體也從教師中心轉向以學習者為中心；同時也促使學習的目的從獨善其身擴展至兼善天下，發展基於全人精神的教育。

學習的主體是學習者，我們應關注在「由學習者決定自己要學什麼」，而不是教師強迫他們學什麼；我們也應該觸發個人內心對學習的渴望，使他們自主充實自身涵養，好能適應社會、應變問題。而這也是議題桌遊應該依循和聚焦的關鍵點。

遊戲中的學習

我們在前面談到趣味的重要性，人會對有趣的事情感到興奮和滿足，而且會為了享受趣味，讓自己投入在覺得有趣的事物和過程中；或者想盡辦法讓做事情的過程趣味化，使自己投入。若基於這兩個思維，利用遊戲的趣味性來觸發參與者在學習過程的投入，則前者形塑了「遊戲式學習（Game-based learning）」，後者則指引了「遊戲化學習（Gamification of Learning）」。

「遊戲式學習」是讓玩家遊玩具學科內容的遊戲，藉由他們在遊戲中感到趣味，引起玩家在遊戲中的投入與學習。「遊戲化學習」則是透過遊戲化的元素，像成就感、使命、小組競爭等，讓學習的過程像是在玩遊戲般的有趣，進而促發參與者投入學習。兩者不同的點在於，遊戲式的運用需有完整內容、結構和回饋的一套遊戲，做為學習媒介，遊戲的內容、機制都具有概念意義；遊戲化的運用則基本上不牽涉學習內容，而是學習方式的安排，學習媒介則是各種教材或教具，且遊戲化機制通常不具有概念意義。

本書的觀點立基於「遊戲式學習」，已經有許多的論文、研究可以支持遊戲對學習動機的引發，還能協助學生學習特定的知識。其實，玩遊戲即是一個學習的過程，像是最近非常火紅的遊戲「傳說對決」，一旦玩家有興趣玩，會願意花費時間去熟悉遊戲玩法、角色特性，甚至精熟角色的操控；而這些玩法、角色和操作，即是這個遊戲的內涵、設計者所建構的遊戲模式。

議題桌遊中的學習：基於遊戲

　　遊戲有許多能實際幫助在學習上的論點，運用的範圍、方式也非常的廣泛。我們認為議題桌遊可以從三類常見的遊戲學習觀點，提供玩家學習的可能，一為重複的刺激與反應，二為遊戲提供脈絡經驗下的學習，另一為遊戲提供操作回饋下的學習，這些遊戲學習論點也是基於傳統學習機制下而闡述。

1. 遊戲提供刺激反應

　　重複的「刺激」是遊玩桌遊時最普遍的學習觸發，例如：在遊戲中反覆看到或使用同樣的卡牌、圖案或詞彙，會讓玩家非強迫地記下這些資訊；又或者是每一個回合所安排重複的、相近的操作，也會記下這個過程。此外，如果玩家看到或使用這些卡牌或動作時，伴隨著與個人有關的強烈效果，例如：獲得獎勵、受到懲罰，也會強化記下資訊。

　　上面的刺激來自於遊戲對個人，另一種刺激則來自於其他玩家對個人。例如：在遊戲中，玩家想要獲得的資源被別人拿光了、或是我被別人用卡牌攻擊了，玩家間的互動，也會觸發個人記憶遊戲中的經驗。

2. 遊戲提供脈絡經驗

　　脈絡經驗來自於情境學習與角色扮演學習，情境學習是一種學習者生活體驗、主動建構知識的學習模式；而角色扮演學習，即是提供一個特定的觀點來建構對該角色生活的認識。

　　情境學習是將學習置於眞實或模擬的情境中，當學習者置身於特定情境時，不僅是個體的心理建構過程，更是一個動態互動的參與過程，包含對情境的互動、對他人的互動，進而從中得到有效的學習。情境學習在歷史上早已有很多的應用，例如：美國著名哲學家、教育學者杜威（John Dewey）認爲學習應回到日常經驗，並提出了「教育即生活」、「教育即經驗」等教育概念，即包含了情境學習。東方歷史中，由至聖先師孔子的著名記載《論語》中可以得知，孔子與三千弟子的教學方式，亦使用眞實情境問題，以對話和誘導的方式，讓學生進行辯證與反思。於生活情境中的互動能有效率地將習得的知識應用在現實中，使得參與者能審愼思考、解決問題，即所謂的「有意義的知識」。在議題遊戲的環境中，更應該應用情境學習的內涵，設定議題的特定情境與事件，讓玩家們投入其中，絞盡腦汁尋求達成目標的方法，將所學得以展現。

　　「角色扮演」一詞是由心理學家莫雷諾（Moreno）創設心理劇後，所發展出用來進行團體輔導、諮商，以及教學上的重要技術。在經過設計的情境中，扮演某個角色，模擬該角色的心路歷程去體驗目標角色的需求，當我們在被設計的情境中，自然而然的扮演該角色時，便能從扮演中了解自己和周圍其他人的關係。其實在日常生活中，我們無時無刻都在進行角色扮演，只不過所扮演的角色是侷限於自己生活本身的角色。但議題桌遊能賦予玩家更爲多樣的、特定的角色課題與立場，可以使玩家對某一個特定的角色，產生同理心與深度認識，透過自我觀察與反思，以達到學習的結果。

3. 遊戲提供操作回饋

操作回饋強調的是玩家能從遊戲的操作以及所得到回饋中，學習到相關知識與能力；並從反覆操作的行為中增強學習結果，甚至能引發反思進而調整個人思維與策略。我們說明兩個常見的論點，分別為遊戲學者蓋瑞斯（Garris）等人提出 IPO 遊戲學習模型，以及學者吉利（Killi）的遊戲經驗學習。

IPO 模型是將遊戲應用學習分成「輸入（Input）」、「過程（Process）」和「產出（Outcome）」三個階段：「輸入」階段是將學科內容與遊戲特徵統合在遊戲中；而學習者在「過程」階段，會為了達成遊戲目標，在遊戲中不斷地反覆挑戰，甚至，可以皆由反思與目標的差異，調整遊戲中的策略；並藉由反覆操作，使得學習可以重複增強。最後，「產出」階段是在遊戲結束後，玩家將遊戲過程中所經歷的內容，轉化為學習產出。

遊戲經驗學習除了以回饋作為學習增強外，也將學習目標轉化成遊戲中的挑戰或樂趣，來觸發學習者主動進行知識學習。此觀點認為透過適當的挑戰，可以提升使用者在遊戲的使用動機，並且在遊戲中藉由反覆觀察、嘗試操作、接受回饋的反覆歷程中，學習到知識。

基於操作回饋，議題桌遊應該依據學習目標，給予玩家自主設定目標、隨時因目標改變自己行動的機會；當玩家做出行動之後，回饋機制將會給予行動結果，這可讓玩家能根據該結果是否符合遊戲目標，來學習與判斷是否調整行動來應對，直到遊戲結束。這使得只要遊戲機制設計得當，有利於玩家在遊戲之中的概念建構，達到訓練目的以及特定的學習成效。

議題桌遊中的學習：基於議題

　　議題桌遊強調與現實議題相仿的情境，這讓玩家在初次遊戲時，能以自己的經驗與知識去認識遊戲的世界與內涵，易於將遊戲情境與生活情境相連結；也能促使玩家傾向應用符合自身程度、個人常規的知識與行動來進行遊戲，這都有利於他們較容易地去進行遊戲、理解議題。除了擬真的情境，在遊戲中對真實社會角色的扮演，能呈現議題的社會性，也能建構玩家對該議題相關族群或群體的課題的認知，關注該角色的觀點與立場。

遊戲讓我們可以探究事物的面貌

　　情境的擬真還包括結構性的遊戲規則與回饋機制，它讓玩家能藉由操控遊戲的過程中，體認議題的脈絡與系統性。例如：當玩家了解到遊戲規準與自身想法不同，或是在遊戲中的回饋與預期不同時，能有所依循、程序性地調整個人的理解，讓他們能較順利地建構出對遊戲中的議題的認知與價值觀。除此之外，由於議題牽涉到個人的想法

或立場，因此議題桌遊中的情境環境還包括自我表現的空間，讓玩家得以遵循個人意識和意圖，做出有目的性的策略，並自由、主動地與遊戲或是玩家進行互動；從對遊戲的探索、與他人的對談中，建構個人對議題的理解，包括結構性的知識以及非結構性的經驗背景。

　　值得一提的是，桌遊的特色之一是玩家得以面對面的進行一同遊玩，若遊戲提供來自於其他玩家的刺激，將從個人的領域跨及到他人的領域，進而產生玩家間的互動。這使得議題桌遊提供玩家間社會層面的互動，呈現議題的討論性、多元觀點性；而這除了能有向他人學習或相互學習的機會，也促使玩家去關注和思考他人或群體的意念與行為，培養溝通表達、討論協商的能力；甚至產生出對他人立場、價值觀與情緒的同理。

小結

　　從遊戲學習的觀點來看，情境學習提供學習者實際體驗參與的過程，並反映個人的想法以及對應的行為表現；角色扮演試圖讓學習者對所扮演的角色進行換位思考，能反映個人的同理表現；而回饋學習則是學生反覆強化遊戲設定好的學習內容，能反映個人接受與實施的狀況。議題桌遊中的學習即是上述觀點以及基本學習機制的複合，例如：行為機制的刺激、認知與建構的理解調整，人文的以人為本，這使得議題桌遊能做為議題學習的媒介與舞台。當然，議題桌遊觸發議題學習的機制不僅是此小節所提到的內容，我們會在後面的章節陸續提到；而四個學習機制的介紹，可參考附錄一。

在此節，我們初步釐清遊戲中的學習機制和遊戲學習理論，能幫助我們在遊戲設計的過程中，更能抓到訣竅。

四、對議題桌遊的了解

為什麼這麼做？

玩遊戲即是學習，當然，我們也能藉由玩桌上遊戲，來觸發學習。但是，一般上課也就有學習的效果，為什麼還要用桌遊呢？以核電議題做例子，在傳統講述式的教學中，我們可以從各領域的角度，帶領學生去思考核能的存廢，也可以闡述各族群會面臨的相關問題；但這樣被動地接受資訊，比較難讓學生投入到核電的議題情境之中，也難以體認議題的討論性。較可行的方式是在課堂中給予情境和角色，從特定角色的角度思考議題的課題；或是用論證等方式，討論各項議題的策略實施可行性，雖然可建構對議題的系統與脈絡認知，但因為沒有實際的體驗，較難產生對議題的態度以及自發地行為意圖，或是與他人的互動、與社會環境的共好。

那，就來個實際體驗活動呢？這並不容易，不僅是核電議題，許多議題也都涉及多個群體，以及在大場域和長時間下的發酵和運作；這是很難體驗，又無法實際去實施的，這時，桌遊就有發揮的潛力了。在遊戲大師科斯特（Raph Koster）於《遊戲設計的有趣理論》一書中，他說道：「遊戲是讓我們看見真實事物的模型。」一個嚴謹有系統的桌遊，可以縮小時間和空間尺度，在短時間、小空間中營造情

境，讓玩家體驗；而且，遊戲不只能模擬一個情境，具有完整事件回饋的桌遊可以將特定的議題內容表現出來。像是了解到核電的發電過程、電廠的選址、使用核電的風險，以及核廢料該怎麼存放的問題；同時也得考量自身、各個角色和團體的想法，以實施和調整對應的措施。學生在遊戲中所學習到的內涵，不只是在這個議題上的知識，還包含了對該議題的探究與實踐。

為什麼我們喜歡用議題桌遊呢？因為它可以引導學生對議題做探究性思考。議題不僅僅是文字、教條，它是經由解決問題中產生，在環境交互體驗下，透過反思產生出的結果

於是我們這麼做

桌遊有助於議題學習，那，該怎麼設計有學習內容的遊戲呢？

可惜的是，不少人認為，遊戲設計是屬於遊戲設計師的專業，遊戲設計的過程就好像一個黑箱子，不清楚中間的來龍去脈。但是我們要再次強調：「玩遊戲是人的本能，遊戲設計是我們與生俱來的天賦。」而設計議題桌遊對於教育工作者有相對的優勢，除了可以針對課程內容進行遊戲設計，還可以因應班級的學生做調整，且比起數位遊戲、媒體教學等，它的成本與門檻相對低很多，只需要簡單的紙筆，就可以隨時在家裡動手作。

這聽起來有點難，或是有些抽象，讓人不知道怎麼做？在此，我們簡單的舉一個桌遊「演化論：物種起源（EVOLUTION：Origin of Species）」為例子。此遊戲是由俄羅斯生物學家克諾雷（Dmitry

Knorre）以生物演化做爲主題而設計，在這款桌遊當中，遊戲流程一共有三個階段，分別是演化、進食、滅絕三個階段，而卡牌則是雙面設計，正面是生物性狀、背面則代表一種物種。

玩家在演化階段可以打出性狀牌面到物種牌面上，代表該物種擁有此性狀，然後進行進食選擇與滅絕判定。在遊戲的過程中，能體會和了解生物在這三個階段時要面臨的事件，從中觀察到自身生物的變化，以及這些變化對生物的影響。遊戲內容和玩法讓此遊戲具備了生物知識以及桌遊的趣味性，再加上遊戲規則也不複雜，是一款簡單操作和學習桌遊，讓演化論剛出品時就被廣爲使用在課堂中。

事實上，演化是一個很龐大的系統，在這款桌遊中並無法完全將演化的概念完整的表達出來，如果要學習演化，只靠這款桌遊是不行的；而且可能會與現行認知不同，例如：性狀的存在容易被視爲用進廢退，而非隨機個體差異。但是玩家能從這款遊戲中，初步了解到演化論中的「物競天擇」，並且會對演化的內容產生出興趣以及基本的認識，也能幫助教學者在之後進行相關課程的教學。

再舉一個例子，遊中學科學團隊設計一款以太陽系爲主題，名爲「漫遊太陽系」的桌遊。遊戲背景的描述是，在未來我們居住的地球遇到崩潰的危機，玩家必須在太陽系中收集各個元素，來造出第二個地球，讓地球上的居民可以移民；而成功造出第二個地球的玩家，將會獲得遊戲勝利。這款遊戲中是以眞實世界中的太陽系做爲背景，學生可以在這款遊戲中，學習到太陽系中各個星體的位置、大小還有星體上的重要元素。

在過去的課本中，我們可能是透過課本、自身教學、考試三者的

方式，並準備一些星球模型輔助教學，在反覆不斷的教課下，將太陽系的概念傳達給學生。我們也可以運用這一款遊戲，在學生不需要基本認知背景下，就能進行遊戲，且大部分孩子們對遊戲投入專注力。團隊也設計了遊戲後的測驗，以驗證桌遊帶來的結果；我們給小學生遊玩，結果顯示，大部分的學生都能對地球的元素、太陽系的位置與星球的特徵有一定的掌握程度。

我們想設計的議題桌遊

　　議題遊戲是將議題內涵巧妙的設計到桌遊中，讓玩家投入到遊戲情境，願意玩遊戲並進而學習；且不是僅關注在學習動機或特定知識，而是促發參與者的議題涵養。在傳統的學習機制當中，我們可以分成行為主義、認知主義、建構主義以及人文主義，在一般的教育性桌遊中，廣泛強調行為、認知以及部分建構，而我們團隊在桌遊設計上，除了立基於認知行為，更想強調的是桌遊中的建構與人文。行為與認知能協助知識的構築，了解世界上運作的規則與系統；而建構與人文，則能促發學生從自身想法思考人與人、人與環境的互動，幫助學生對一個議題做更深度的思考，更甚至態度與行為的養成。而這正是我們的理念。

　　我們所認為的議題桌遊，是將現實議題融入到遊戲中，並且在遊戲中構築出現實的議題；藉由結構性的遊戲規則與回饋機制，呈現議題的脈絡性與跨領域性，並且透過各角色的立場與課題，體現各群體間的社會互動，讓玩家體悟不同立場下對該議題的影響與決策

（圖）。更重要的是，遊戲應讓玩家能自主設立目標、選擇行動，在實際的操作操控與交流後，建構屬於自己的認知與經驗。這將可能內化至玩家自身的思考與行為模式，使他們能在生活中面臨和處理議題。

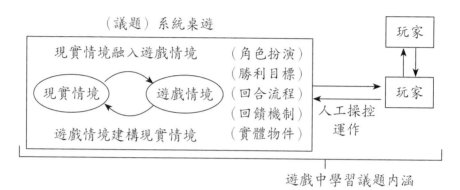

議題桌遊與學習

　　而議題桌遊的設計，應掌握議題的基本內涵，與不同階段的學習內涵；亦根據議題的內容，透過「六模化」設計的模式，將議題有脈絡性的設計成桌遊。當然，為了追求遊戲的帶入感，這還牽涉到許多不同的遊戲要素，以及實體配件的設計。設計的方法我們將在後面的章節做詳談，而在設計前，建議先體驗遊戲、了解遊戲的組成；當我們對於桌遊的概念越清楚，也越能幫助我們在設計桌遊上，更具有系統概念。

五、實戰練習：體驗、分析與教學

設計進程：體驗階段

我們將提供兩款團隊製作的桌遊讓大家體驗，分別是「食在好時」和「瘋水輪流轉」。兩個遊戲的版本是傳達特定議題脈絡的體驗版，我們採用 PnP（print and play）的方式讓大家可以自行列印、裁切後遊玩。食在好時以食農議題為背景，內容為作物的季節、作物供給與交易的環境。瘋水輪流轉以生活水資源為背景，內容為個人水足跡、生活習慣、水與健康的情境。我們建議您一定要遊玩這兩款桌遊，因為後續書中在介紹遊戲設計時，有大部分的範例即是這兩款遊戲。在本書附的是體驗版，如有興趣，網路上可以搜尋和購買完整版喔！

PnP 檔：食在好時、瘋水輪流轉

除了這兩款桌遊外，我們也建議讀者可以多玩不同類型的桌上遊戲，去體驗不同遊戲有趣之處。這個過程有點像是品嘗美食，當我們品嘗的美食越多，我們對於食物口味層次的判別，也就越精準；同理，遊戲也是一樣，建議讀者至少可以玩超過15款以上不同的桌遊。

桌遊組成

　　我們所提及的架構跟一般網路上、書上所描述的架構有些微不同，它是團隊在整理文獻與實施研究後，歸結出較適合教育工作者使用、易於理解跟學習的分類方式。也許在閱讀的第一時間會無法理解部分的定義和具體功能，不過在此節只需要大致了解即可，最重要的是了解整體的架構。在此，我們將桌遊分成主題情境、流程規則、實體配件這三個主要組成，如下：

1. 主題情境

　　主題情境牽涉到遊戲的主題內容與情境背景，這其中也包含了遊戲故事。當然囉，有些遊戲會有很鮮明的故事，讓玩家非常好進入到遊戲的世界，享受和體驗故事的進展，像是瘟疫危機傳承、幽港迷城等；有些遊戲則只有單純的回饋機制，並沒有所謂的遊戲故事，像是拉密、套利等。

2. 流程規則

　　指桌上遊戲裡的運作規則，隨著遊戲的回合推動著遊戲進行。可以再細分成扮演角色、勝利目標、初始設置、回合過程、回饋機制與物件單元五個部分。

(1) 扮演角色：玩家在遊戲中會扮演的角色。

(2) 勝利目標：玩家在遊戲的目標，包含結束條件與勝利判斷。

(3) 初始設置：玩家在遊戲開始前的設置，以及起始的資源或是資訊。

(4) 回合過程：桌上遊戲通常會分成好幾個回合進行，回合過程指的

是玩家在每一個回合當中所遇到的事件、遊戲階段。

(5) 回饋機制：回饋機制主要制定遊戲的玩法與回饋，一個遊戲可能含有一個或多個回饋機制，亦包含玩家當中所能做的行動。遊戲機制（mechanism）是桌遊在回饋機制的呈現上的一大特色。

(6) 物件單元：物件單元呈現桌遊情境與遊戲操作中，所需要的物件及對應的單位，例如：牛排（客）、冰箱（台）、核電廠（座），或是金錢（元）、人口（人）、水資源（滴）等。

3. 實體配件

　　桌上遊戲與數位遊戲很大不同的地方，在於遊戲的實體配件，像是骰子、卡牌、配件、標示物等。要特別注意的是，實體配件並不是所謂的操作性周邊設備，例如：遊戲搖桿或是耳機等；實體配件是桌遊本身的一部分，而且緊密的與遊戲情境扣在一起，每一個配件都有它存在的意義，才會被放置在遊戲中。

桌遊分析

　　在了解桌上遊戲的組成後，接著我們要利用剛剛了解到的資訊，來試著分析桌上遊戲，幫助讀者加深印象。在這邊選擇的是「食在好時」，其實這款遊戲的初始設計，在玩法與策略上稍複雜一些，所以我們又將遊戲分析兩個版本，好針對不同年級的學生做使用；而前面提供的 PnP 檔案適合小學生的版本。

　　食在好時是一款以臺灣的農產品作為主題的遊戲設計，背後的遊戲架構是依據臺灣農產品盛產的季節，以及真實社會的脈絡所設計而

出的。在基本版，遊戲的學習目的有四個：

1. 認識臺灣農作物與其產季

2. 了解作物生產與買賣的過程

3. 農作物肥料種類

4. 農作物買賣與市場機制

　　食在好時的遊戲情境是：玩家在遊戲中扮演農夫，種植各種臺灣出產的蔬果，並將種植出來的蔬果拿去市場販售，在遊戲中獲得金錢最高的玩家獲勝。在遊戲中，玩家會了解到每種蔬果會因為不同的季節，而有不同的產量以及售價；也會了解到蔬果的成長到交易，像是播種、施肥、收割、運輸和買賣；還有使用有機肥、化學肥料和廚餘的差異與影響、作物供需平衡的概念等。在此，簡單的描述遊戲的組成：

(1) 角色扮演：農夫。

(2) 勝利目標：獲得金錢最高的玩家獲勝。

(3) 初始設置：設置臺灣板、需求牌庫與作物牌庫，每位玩家設置個人銀行，並抽取 5 張作物牌。

(4) 回合過程：遊戲一共分成四個回合（一年），每個回合依序分別分成：需求階段、換牌階段、播種階段、施肥與生產階段、收成階段、買賣階段，所有動作做完後，即完成一個回合（一季）。

(5) 回饋機制：貨品投資（Commodity Speculation）、擲骰（Dice Rolling）。

(6) 物件單元：作物、季節、錢、肥料、地區。

(7) 實體配件：農作物卡、人民食物需求卡、生長與肥料卡、地區

卡、木塊指示物（肥料）、遊戲貨幣。

　　這款遊戲是與台南市虎山國小合作開發的遊戲，因爲對象爲國小學生，所以除了規則簡單外，在遊戲美術上也採用了較爲鮮艷的顏色和可愛的圖畫做繪製。此外，考慮到遊戲後續推廣，我們在桌遊裡面除了遊戲的說明書外，還設計了一張教學指引，老師可以依據年級選擇不同的遊戲玩法，也能運用裡面的思考指引帶學生們做遊戲的反思；讓活動不只是玩完一款桌遊，還能在遊戲中做更進一步的思考。

　　要補充解釋的是，爲什麼我們不另外使用傳統的桌遊八大類型來分析桌遊呢〔抽象遊戲（Abstract Games）、兒童遊戲（Children's Games）、可定制遊戲（Customizable Games）、家庭遊戲（Family Games）、聚會遊戲（Party Games）、策略遊戲（Strategy Games）、主題遊戲（Thematic Games）、戰爭遊戲（War Games）〕？因爲八大類型是依據遊戲特性與表現，分類市面上的桌上遊戲，而我們的目標是設計出具議題內涵的桌遊，是以對象和內容爲首要考量，額外進行這些的類型分析，對我們幫助不大。

　　在這邊，我們也推薦讀者閱覽目前全世界最活躍的桌遊社群「Board Game Geek（BGG）」，它是一個專門討論桌遊的線上平台，上面整理了數萬種的桌上遊戲，也是許多桌遊玩家的匯集地。它除了能讓玩家依喜好投票，將桌遊做排名外，也將目前所熟知的桌遊類型、桌遊機制有系統性地做整理，提供給每一位玩家和設計師參考，是相當豐富的桌遊寶庫。

換你做做看

　　試著用書中的方法，分析一款市面上有「主題性」的桌遊。（請試著分析該遊戲的扮演角色、勝利目標、回合過程、回饋機制、實體配件）

教學階段：規則說明與教學

　　教學階段原則上是緊接著體驗階段之後，但是它同時也可以跟體驗階段、改作階段並行學習。教學階段雖然要描述的內容少，但它對於我們在學習桌遊組成與教學主持有其重要性；而且由於與設計並無操作上的直接關係，是一個很容易在設計桌遊的過程被忽略的階段。因此，我們特別提出和解說此階段，讓讀者了解。

　　為什麼要教桌遊？它跟設計桌遊有什麼關係呢？

　　那是因為，桌遊教學的過程，就是在學習桌遊結構的過程，有助於桌遊的設計。一款桌上遊戲會附有遊戲說明書，讓玩家了解玩法後方能遊玩遊戲；但身為遊戲教學者，是不可能照本宣科的將說明書唸一遍給玩家聽，那太花時間了，而且大多時候說明書的寫法並不是你熟悉的脈絡。因此，身為教學者，必須先釐清遊戲的規則，整理好講解的脈絡，才能在短時間內說明遊戲規則；而且，也需依據你的教學對象，使用他們能懂的語句或比喻，才能把規則教好。

　　在這邊，我們將自身的教學經驗，依照教學順序整理成幾個重點，給讀者們做參考。

1. 這是一款在講什麼的遊戲

　　傳達遊戲的主題情境在教學中非常的重要，遊戲情境包含了遊戲主題、玩法等。因此我們應該在遊戲前進行介紹，可能是玩家扮演的角色、面臨的問題情境、會用到的能力等。例如：這是一款找犯人的遊戲、這個遊戲中我們會扮演騎士尋找公主等；或是，這是一款比反應的遊戲、這是一個說故事的遊戲等，用短短的幾個字，將遊戲的情境講出來。

2. 遊戲的勝利目標

　　接續遊戲情境，勝利目標的講解包括目標與情境的意義，以及各個目標達成的條件與因素。這樣能幫助玩家了解這個遊戲的達成目的，並在後面聆聽遊戲玩法的時候，能較了解玩法的意義，並先行嘗試建構遊戲的運作模式。

3. 遊戲的規則與脈絡

　　講解遊戲規則是桌遊教學中相當難的部分，而且有些遊戲的規則在說明書上並不易理解，這個時候就需要先將遊戲規則整理成我們比較好教的順序與說法。在這邊，我們建議是依循著主題情境與勝利目標，講解遊戲階段與具體操作的意義，好讓玩家能具脈絡地、有目的的理解遊戲架構與模式；還有一些雖然是屬於操作細節，但會直接影響勝利目標的規則建議也在此時一併說明。

4. 遊戲配件說明

　　遊戲配件反映著遊戲的背景與世界環境，通常會與規則、或細節玩法時一起講解遊戲配件，依循情境脈絡與規則操作，帶玩家了解每種配件上的資訊編排，以及對應的各類屬性、圖示與功能，還有使用方式。

5. 遊戲的細節玩法或補充規則

　　有些操作與回饋的細節玩法會因為過於複雜，若在講解規則脈絡的同時也說明的話，容易導致理解負荷；因此我們通常會在教學的最後才進行講解，而這部分的講解也是最花時間的。在說明細節玩法時，也會搭配情境的脈絡講解回饋的意義，以及具體的操作與回饋機制；也可決定是否補充說明可能影響勝利判定或重大失誤的細節。有些遊戲的操作細節或規則比較難單純只用口語來表達，像是說書人中的說書流程、拉密的換牌、或是各類競標方式的遊戲，這時我們會選擇用示範的方式實際演練給玩家看，或是實際帶玩家玩過一個回合。

教學小結論

　　上述的內容是我們過去在桌遊發展與教學的實戰經驗，供讀者參考。讀者們也可因應不同遊戲進行微調，或是發展屬於自己的、擅長的教學方式；只要能讓玩家明白這個遊戲怎麼玩、不要玩錯規則，都是可行的教學法。這邊也要先打個強心針，說實話，在開始踏入桌遊教學時，無法掌握教學重點、說明不清楚、漏掉細節，是很容易發生

的；再加上大部分的玩家集中力非常有限，很可能造成初學者在教學上容易感到挫折。然而，在多次的練習與精進後，一定能逐漸掌握桌遊教學的精隨；此外，若能時時注意教學時的玩家反應，將有助於日後在課堂上的桌遊活動的進行。

第三章　從 20 到 40：議題桌遊與它們的 Cases

　　前一章「議題桌遊與它們的 Base」提到了議題、桌遊與學習的內涵，讓大家能對議題桌遊的基礎有初步的了解；而且也已經通過體驗階段、教學階段。

　　從此章開始，我們要進入到桌遊設計的階段，也是這本書實戰的內容了：六模化。本章會藉由案例分析（Cases），解釋「模擬化」的要點與過程—議題系統與桌遊結構之建構，練習桌遊的改作；此外，也會說明議題系統的「模組化」。由於有實戰練習的部分，建議讀者要拿著筆與筆記本試著動手做一遍，這樣才能內化成自己的養分。

　　我們建議在閱讀此章時，聚焦思考：我想要傳達怎樣的議題脈絡？

在設計前先問問自己，我想透過遊戲傳達什麼？

一、設計：議題六模化

開始設計前的想像：人造人

　　設計議題桌遊的要點之一是「對議題情境的模擬」，當遊戲的情境與真實的世界越相似，玩家的沉浸感便會越強，也越能投射平常的自己在遊戲中。但在說明情境模擬以及六模化之前，想先聊聊「人造人」，用人造人來模擬議題桌遊設計的主要內涵。

　　在科幻作品當中，人造人有我們人類所有的器官與系統，想像一下，如果我們想要嘗試做個簡單的人造人，可能要先創造：維持生命的系統，包括生命的始源——心臟以及同屬循環系統的血管，負責傳送養分與代謝。然後是具思考功能的大腦以及神經系統，負責傳遞情報並協調和控制肌肉活動；還有獲得與處理氣體和養分的呼吸與消化系統。接著，會開始創造個體特色，包含個體心理層面的心靈、處事價值觀；個體生理層面的基本人類外型、骨骼系統，以及連接骨頭、具活動功能的關節。最後，是雕塑外型細節的肌肉與皮膚。

　　我們進一步用人造人的圖例（圖），來說明議題桌遊的遊戲組成，讓大家能具體了解議題桌遊的議題內涵以及遊戲組成。圖中的文字由左至右是人造人組成、議題學習內涵、遊戲組成（圖）。議題主題與遊戲背景是人造人的外型；扮演角色則如同維生心臟，是議題的動力來源，沒有角色參與就不存在議題；同時，角色也是心靈與情感層面的驅力。遊戲目標如同人造人的大腦和神經系統，如果沒有目標，人造人找不到它存在的意義，同理，沒有遊戲目標，遊戲也沒有存在的意義。系統與規則像人造人的骨架，建構著本體的大小與複雜

度，以及能運作的部位。回饋機制與系統回饋迴路則是人造人的關節，確保可運作的部位有適當的回饋、遊戲可被正常的執行。最後，桌遊的配件呈現了人造人的整體肌肉與皮膚。

外型：議題主題：遊戲情境

思維：議題價值：遊戲目標

人造人一號

關節：回饋迴路：遊戲回饋

心靈：族群立場：扮演角色

皮膚：議題環境：桌遊配件

骨架：議題系統：遊戲規則

人造人、議題、桌遊

我們會提及人造人，是因為議題桌遊就如同人造人一樣都屬於「產物」，需同時兼具創作想像和嚴謹結構，而且兩者的設計概念與組成也是相近的；而這也是六模化的基礎觀點。

什麼是六模化？

六模化，是遊戲設計的方法，可以幫助讀者設計出議題桌遊，同時也能檢視議題桌遊的可行性。它是我們團隊經由多年的設計經驗與教學實務，發展而出的設計方法。就作為學習的議題桌遊而言，「議

題」是學習的「內容」，「桌遊」是學習的「媒介」，「玩家」則是「學習者」；設計者如何將內容放置於媒介中，並讓學習者可以自主操控媒介以達成學習效果，即是此書的重點，也是六模化的目的。六模化（6M）分別為模擬化（SiMulation）、模型化（Modeling）、模式化（Mode）、模組化（Modularity）、模件化（Mimicry）與模板化（Mold）；依目的分有三個功能，有協助設計者將內容置於媒介中的「設計方法」，可依教學調整的「客製設定」，以及將媒介實體產出的「配件產出」。

1. 應用於遊戲「設計方法」的模擬化、模式化與模型化：

(1)模擬化的目的是將議題的情境與系統，透過遊戲的結構來呈現，在遊戲中模擬眞實的環境。讓玩家在遊戲中進行經驗上的學習，以期達到議題及情境運用的學習遷移。

(2)模式化的目的是將設計議題桌遊的過程步驟化，讓設計者有一套可依循的設計方法。模式化將議題桌遊的設計分為議題資訊、議題系統、規則結構、機制組成等四個面向，以及基於系統或基於回饋的設計流程與步驟。

(3)模型化的目的是透過「概念建構類比模型」，設計和檢視桌遊中的各項組成能適當的類比出議題中的概念。將具教學效用的概念模型融入至遊戲中，玩家會在遊戲的過程中，不自覺地學習了議題的概念。

2. 應用於「客製設定」的模組化與模件化：

(1)有時候想安排的議題系統會過於龐大，比較適合先將議題拆解成

好幾個子議題，再將各個子議題設計成擴充規則或獨立桌遊讓玩
家來體驗。這個檢視與拆分的過程，便是模組化，它的好處是讓
議題學習更有彈性，也能減少玩家在單次遊玩時的學習負荷量。

(2) 桌遊中的回饋機制（遊戲機制，mechanisms）可以融入知識概念，
協助玩家學習。模件化即是依據知識概念的特性，整理出合適的
回饋機制的套件，讓設計者可以依據規劃的學習內容，選擇和套
用合適的機制，並設計出遊戲。這有點類似繪圖設計素材、程式
設計模件的概念。

3. 應用於「配件產出」的模板化：

(1) 模板化是為了幫助沒有美術背景的讀者，在設計思維下，所整理
出的設計方法。讀者可以依據模板化，繪製出符合遊戲資訊的介
面，這其中包含了視覺動線、設計排版等。

為什麼要六模化？

相信很多人在談到遊戲設計四個字時，會覺得設計是擁有設計天
賦者才能辦到的技能，甚至是特權；而自己似乎沒有想像力、是魔法
絕緣體，不知道怎麼憑空創造出遊戲。其實，設計是一個非常具邏輯
的過程，為了能讓讀者有所依循，我們就自己的實務經驗以及理論基
礎，整理出六模化的架構，來幫助大家創造出屬於自己的桌遊。

六模化是一個遊戲設計的方法（圖），讓讀者可以有跡可循的設
計出議題桌遊，它的一個面向是遊戲設計，主要為模板化和模式化；
另一個面向為議題學習，則為模件化和模組化；模擬化和模型化則同

時牽涉到學習與遊戲。在運用六模化設計議題桌遊時，是基於模擬化和模型化，在兩個面向不斷切換的過程，直到設計者達成在兩個面向的預期規劃或平衡。

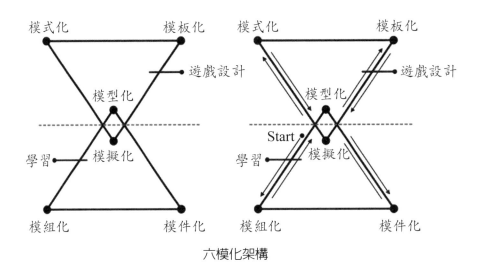

六模化架構

關於六模化的使用時機、運用過程以及操作原則（圖），我們會以「模擬化」做為起頭，分析議題系統、規劃遊戲情境，使其具有學習內涵基礎；當議題系統過於龐大時，會運用「模組化」來切分議題系統。然後，透過「模式化」來安排遊戲目標與角色、回饋機制與配件等桌遊組成，並藉由「模型化」來檢視這些組成是否能呈現議題特性，以及使用「模板化」來規劃配件排版；而「模件化」建立知識概念與遊戲回饋機制的資料庫，讓設計者能快速地套用和設計出遊戲。

我們將會引導讀者從 0 到 100 的設計議題桌遊，但六模化僅是設計的方法，設計時還是需要讀者有自身的想法，這些想法將會影響桌

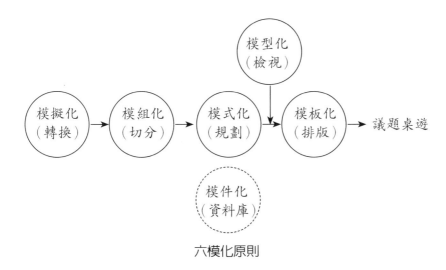

六模化原則

遊的最終樣貌。我們就像是科學家，人造人最後的成形是男是女，是胖還是瘦，全仰賴身為創造者的我們了。此外，我們提供了方法，至於設計過程與內容的精鍊，就需要靠讀者們自己的基本功了。就像是我們給了一根全自動釣魚魚竿，教會認魚、釣魚，但也要靠自己增加對魚的更多認識，來擴大魚竿的效用。

二、模擬化—議題分析

模擬化（SiMulation）

　　模擬化是將議題有條理地系統化和脈絡化，再藉由遊戲來模擬真實的議題情境，讓玩家可以在玩桌遊的同時，建構出對議題系統的了解。同時，它也是六模化的基礎與原則。

　　模擬化的功能性有兩個，分別是遊戲的功能和學習的功能。在遊戲的功能上，模擬化使得議題可以藉由桌遊體現，讓桌遊具有擬真情境的功能；除此之外，也協助設計者建構桌遊的結構、運作流程與回饋模式。在學習的功能上，模擬化應用了情境與角色扮演學習，讓參與者處於被建構的情境脈絡中，例如：待完成的目標、可能遇到的問題、可實施的解決方法、實施方法後的回饋等；然後，玩家將扮演遊戲中的角色，在遊戲中體驗與學習，並透過持續獲得回饋和自身概念的修正，最後建構出對議題的完整理解。

　　模擬化在於確保遊戲的情境能貼近真實的議題，當遊戲的情境越加真實，遊戲的帶入感就會越強，同時玩家的學習效果也會隨之增加。然而，桌遊與其他數位遊戲不同的地方在於，它缺乏了數位功能，無法藉由影音來擬真感官類的情境，因此，在遊戲設計上，必須要特別注意脈絡的呈現。當然，議題模擬化不只是建構出議題的脈絡和系統，同時它也包含了行為、態度、以及價值觀等內涵。不過這章是在講系統模擬化的實戰演練，因此我們先教讀者如何實施議題系統的模擬，而有關態度與行為的培養，我們會在第五章說明這些表現與設計。在這個小節中，我們會帶讀者逐步進行模擬化的流程，建構議題系統與遊戲結構間的關係，模擬化的流程如下圖。

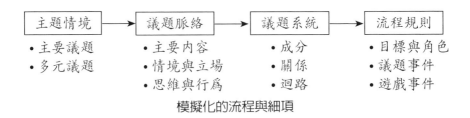

模擬化的流程與細項

　　模擬化的流程是先釐清議題系統，然後再使用桌遊的不同階層的組成，來構成一個議題。對應的關係如下圖。其中，議題系統包含系統、關係（議題事件）；桌遊組成則有主題情境、回合過程、遊戲階段（遊戲事件）。

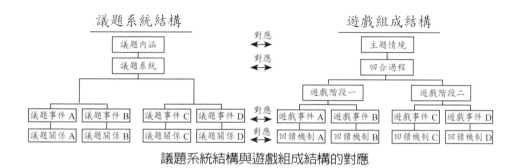

議題系統結構與遊戲組成結構的對應

分析：議題的脈絡

　　模擬化強調議題情境的模擬與脈絡的建構，情境應該與現實的議題有所連結，而脈絡則涉及到問題、事件、角色、立場、行動選擇、執行策略等因素。為了確保模擬化的效用，我們會先分析議題主題與議題的脈絡。從此章開始，我們會以團隊所開發的「藍晶方舟」為例子，以案例分析的方式說明六模化在議題桌遊設計的運用。

　　藍晶方舟是一款以水資源調適為背景的議題桌遊，目的是讓玩家了解水資源在社會運作中的變動。遊戲情境為水資源之供需平衡，而玩家會在遊戲中扮演四個組織，分別是政府、農牧、工科以及公會；其中，供給水資源的為政府，另外農牧、工科以及公會皆屬於需求

方。四個組織在遊戲中需透過執行自身組織的特定行動，來獲得不同的資源（金錢、水資源、人力），以達到最高的分數；而天氣環境與社會事件會對水資源有影響，組織還必須思考如何妥善運用水資源，不能讓臺灣陷入水資源的危機中，便是這款遊戲的重點。

水資源調適桌遊：藍晶方舟

　　雖然水資源的議題，在眞實的生活中是沒有結束的一天，但是因爲是桌遊的關係，我們設定在四個回合後結束遊戲，這也模擬了眞實生活中的政府輪替（四年，一個回合等於一年）。結束後，我們會依據四個組織獲得的資源，進行分數轉換，最高分的組織獲得勝利。

1. 主要內容

　　藍晶方舟的目的，是讓參與者了解水資源調適議題的內涵。我們參考「國家氣候變遷調適政策綱領」，列出水資源調適的主要內容。在這邊我們建議，主要內容用條列的方式來敘述，3～4 個即可，以

便清楚知道議題的方向；內容的敘述也要能辨明議題，所牽涉的情境與對象，好釐清議題的範圍。

(1) **調適總目標：**

　　◆ 以水資源永續經營與利用為前提，確保水資源供需平衡。

(2) **調適策略：**

　　◆ 水資源永續為最高原則，重視水環境保護工作。

　　◆ 由供給面檢討水資源管理政策，促進水資源利用效能。

　　◆ 由需求面檢討水資源總量管理政策，促進水資源使用效益。

　　◆ 以水足跡概念，促進永續水資源經營與利用。

2. 問題與情境

　　「水資源供需平衡」是水資源調適議題的主軸，我們所要面對的問題便是「在氣候變遷衝擊下，水資源如何供需平衡？」。在此問題下，最直接的情境有：氣候變遷衝擊、水資源的供給、水資源的需求；相關的情境為：水足跡、水環境保護。

3. 立場與價值觀

　　議題涉及人們面對問題的立場，和對應的措施行為，因此在釐清問題後，我們要分析此議題牽涉到的角色或立場。水資源供給與需求的情境，牽涉到供給方與需求方這兩個立場；水足跡則有低水足跡（耗水少）和高水足跡（耗水高）等成本價值觀；而水環境保護也有重要以及不重要等環保價值觀。

4. 情境思維與行動選擇

　　確認立場後，是設想特定的立場和價值觀在特定的情境下，會選擇的行動可能有哪些。例如：在水資源需求情境，供給方通常關注水資源需供給量等、如何被利用等；需求方通常關注自身擁有水量、所需水資源成本等。而在水資源供給情境，供給方通常關注現有水資源量、是否有效利用等；需求方通常關注是否獲得預期的水資源。雙方在需求與供給本身能實行的行動不一樣，對話的重點也會有差異。

　　此外，每個人在水足跡、用水量、環境保護的價值觀必定有所差別，即便同為需求方，每個玩家還是會因為個人因素而有不同的選擇。像是在賺錢目標下，當遇到水資源不夠用時，有些玩家會選擇持續發展高經濟，但是會耗掉大量水資源的產品；也會有發展低耗水的產品的玩家，好保護臺灣環境。這些也都應考慮至情境中。

5. 脈絡

　　藍晶方舟想要傳達的是，當面對水資源供需問題時，不同立場與價值觀下的組織或個人會如何做出選擇、執行行動等。這其實是非常龐大且複雜的議題，但是我們並不會羅列出所有可能發生的狀況，因為在釐清議題脈絡時，重點在於上述因素間的「關聯性」；因此，將最重要、最想傳達的部分繪製出來即可。至於圖的繪製，讀者可以自由發揮，只要清楚自己在畫什麼就可以（圖）。

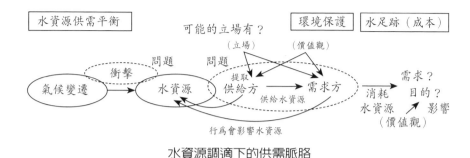

水資源調適下的供需脈胳

結構與系統

釐清議題脈絡後，便是建構議題的系統結構。在分析與建構時，必須非常注重它們之間的關聯性還有因果關係，除了用來呈現議題內涵，也協助參與者將事物相互聯繫，並組織成具有意義的個人經驗，強化學習效用。我們在模擬化時，會用兩個架構來描述議題及知識概念的組成，第一個觀點是認知心理的知識結構，第二觀點是科學世界的互動系統。兩者有相似的結構（圖），而知識結構主要呈現靜態關係，互動系統主要呈現動態關係。

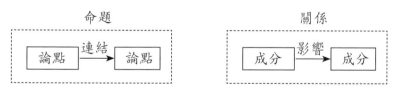

知識結構與互動系統

1.知識結構

　　知識的組成中的「論點（argument）」，通常對應於名詞、動詞、形容詞，像是：食物、牛肉、美味；有些學者稱之為具體概念。若將兩個或數個以上的論點聯結起來並具有意義，則構成「命題（proposition）」，通常以動詞，關係詞和其他具關係的字詞，來建構論點間的關係或階層。「命題」是人類儲存所謂的知識的單位，而多個有意義、有關聯性的命題串連起來，便形成了知識結構。

　　我們可以透過「概念結構」來描述知識結構的關聯與階層，圖像通常以方框與關鍵字標定各個名詞，做為論點（單一概念）的基底；然後以含有連接詞的箭頭線連結，顯示論點間的關係（命題）。箭頭標示的方向表示往下發展的層次或關聯性。例如：食物分有肉魚類、蔬果類等，肉魚類包含雞、豬、牛、魚等食物來源，而魚又能有生魚片、烤魚等食物料理（圖）。繪製概念結構時，會在選定主題後，將其重要概念（範圍最廣的概念）列出，並在概念之間寫上連結語來形成命題；然後範圍次廣、更為具體的概念置於其後（下面）。概念結構中的概念次序與階層、不同概念群集之間交叉連結，呈現出知識的結構。

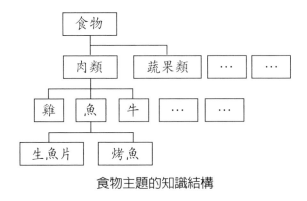

食物主題的知識結構

2. 互動系統

　　科學世界的互動系統（system）包含數個成分的「屬性」或「關係」，彼此間交互影響或相互依存。「成分（component）」是指可定義且可區辨的元素，「關係（relationship）」則為各成分間因具有相互影響而存在關聯。只要其中一個成分或關係有所變動，就會影響到其他成分或關係，進而影響整個系統。

　　系統運作強調「因果回饋」，即是「起因（輸入）－作用（處理）－效應（輸出）」；會引起系統發生改變的稱為「起因」，而隨著起因的引入導致系統所反應的作用的產物，稱為「效應」。值得注意的是，在互動系統中，回饋通常不會停止於某一個效應，該效應可能又會是另一個回饋的起因，再引起作用而有效應，導致系統不斷的發生互動。

　　科學系統通常透過「系統回饋」來描述，關注在回饋性和互動性。系統圖像呈現成分間的回饋關係，通常以方框與關鍵字標定各個名詞做為成分；以箭頭線連結成分間的因果關係，線段端點即為起因（輸入），箭頭端點表示效應（輸出），箭頭本身即為作用（處理）；而作用分有「＋（正回饋）」和「－（負回饋）」。

　　什麼是正回饋呢？是指「起因」與「效應」在數值變動的指向相同，而負回饋則是變動的指向相反。例如：降雨越多會讓水資源變多，水資源和降雨的關係是正回饋；乾旱越久水資源剩越少，水資源和乾旱的關係是負回饋（圖）。

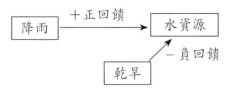

天氣與水資源的回饋關係

概念結構注重靜態結構，具層次與分類性；系統回饋注重動態互動，具時序與回饋性。議題桌遊於學習的重點在了解議題的脈絡與成因，因此在模擬化的過程，我們通常會先以動態的系統回饋，描繪議題因素的回饋關係；再使用靜態的概念結構，架構議題因素的屬性或階層關係。

系統：成分、關係、迴路

繪製系統圖像時，主要有三個步驟：寫出關鍵的數個成分、確認起因和效應並串聯成分間的回饋關係、尋找迴路形成系統。

換你做做看

在這邊我們以藍晶方舟為例子：「當產業活動越多時，越能賺到錢；賺越多錢，可以僱用越多人力；而人力變多後，又能實施更多活動。」請試著透過下面步驟，繪製成系統回饋圖：先在上述文句中圈選成分，再將成分間的關聯詞圈起來，並確認是正回饋或負回饋；然後，請把這些成分和關係，使用方框和箭頭繪製系統回饋圖（請畫在下圖）。

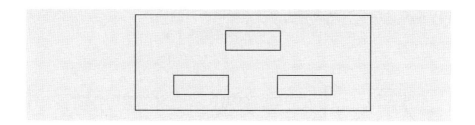

畫完以後，我們繼續帶大家理解和熟悉系統中的回饋以及迴路。

1. 系統中的成分、關係與迴路

當系統中的數個成分及其關係，構成一個循環的回饋過程，我們將之稱為「迴路」。當其中一個因果成分啟動時，就會讓整個系統持續地運作下去。剛剛練習的「產業活動」、「金錢」與「人力」間的關係，即構成一個迴路。

我們繼續觀察三者的迴路，這個迴路是不是會持續造成某一種狀況呢？產業活動越多就越賺錢、也越多人力，然後可以有更多活動。這稱為「增強迴路」的系統，整個系統會持續地朝特定狀態強化下去。試算一下，兩負為一正的情況下，是不是迴路都是正的？

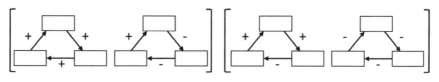

增強迴路、平衡迴路

要改變系統的迴路狀態，可在迴路外加入新的成分與回饋；或改變其中一項回饋關係（由正變負），成為「平衡迴路」。在「平衡迴

路」的系統中，各項成分的單位指數不會持續強化，而是一個不斷變動的狀態。

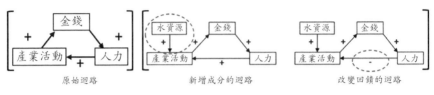

原始迴路（產業、金錢、人力）與變更後的迴路

(1)在迴路外加入新的成分與回饋：加入新的成分與回饋後，迴路內的效應不會只受一個起因影響，而是多個起因的共構。這讓我們可以控制迴路外的成分，來影響迴路中的成分。例如：一個新的成分「水資源」與「產業活動」呈正回饋。此時，水資源和人力的多寡，會同時影響我們可以執行的產業活動量。

(2)改變其中一項回饋關係：在原迴路裡改變回饋關係，進而改變系統的運作。例如：將人力與產業活動之間的正回饋，改為負回饋。這個系統將變為「當我們產業活動變多時，賺的錢會變多，賺的錢越多聘的人越多；而聘的人越多後，產業活動會下降（一堆來亂的人！）。」這時，活動下降了，所以賺的錢會變少，然後人力變少，活動又會變多了。然而，若該回饋屬於常規自然因果下，是無法改變的；回饋關係的改變，通常會運用在對社會系統的轉變。

2. 系統中的因果成分與項目成分

　　界定成分相當重要，能確保我們在議題中要討論到哪些事件與立場，甚至行為。初步分析時，要先清楚「因果成分」與「項目成分」。

　　什麼是因果成分呢？有三個特點：

(1)能反映議題的核心內容

(2)成分間有屬性差異

(3)成分間具有回饋關係

　　而項目成分，是指因果成分下、具屬性關係的成分，例如：「食物」為因果成分，則項目成分有「肉魚類」、「蔬菜類」、「穀糧類」等。若依照因果成分的定義，我們剛剛所練習繪製的產業議題，其系統中的因果成分應為下圖。

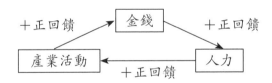

　　成分的界定，最主要還是與議題的主題有關。如果議題的主要內容是「產業活動對金錢對人力」，則因果成分是三個。若議題的主要內容是「產業活動與資源」，則因果成分只會有兩個。此外，當我們加入了項目成分後，因為項目成分間的回饋不完全都相同，因此就不會在因果成分間的回饋寫上「＋」或「－」，而是會標上「影響」。圖例是基於上述兩個議題的主要內容，所繪製的兩種系統的範例。

(1)主要內容為「產業活動對金錢對人力」：因果成分是「產業活

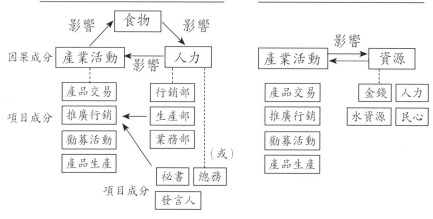

因應議題主題，形塑特定的系統和成分

動」、「金錢」、「人力」。「產業活動」的項目成分可以有產品生產、產品交易、勸募活動、推廣行銷等；「金錢」的項目成分是幣值單位，例如：1元、5元、10元；而「人力」可以單純是數值，或有項目成分爲行銷部、生產部、業務部等，或是祕書、發言人、總務等，端看你想傳達的議題內容。

(2)如果主要內容是想談「產業活動與資源」，則因果成分會是「產業活動」、「資源」，兩者即可回應議題內容、有屬性差異、且之間有回饋關係。這時，「金錢」、「人力」就是資源的項目成分。

　　因果成分是議題系統的主幹，涉及學習目標，也是脈絡的主軸，基本上不能被隨意增加或減少，但你可以調整項目成分的數量；至於項目成分要多少？甚至可能有細項成分？要分到多細多廣？端看這套議題桌遊想呈現的「核心內涵」爲何，以及對於學習的需求。

3. 系統建構

在建構議題系統時，因果成分之間有回饋關係，會用系統回饋來繪製；而單個因果成分及它的項目成分有階層或屬性關係，則通常用概念結構來繪製。不同因果成分之間的項目成分，也具有回饋關係；但它們之間不會是固定的回饋類別，會有強弱之分、正負差異。所以，我們會在因果成分標上「影響」，然後在項目成分釐清確切的回饋類別。

此外，值得注意的是，議題系統中的回饋迴路，是增強迴路或者是平衡迴路，本身並沒有好壞之分。如果會覺得有好壞之分，那可能是由於對議題所抱持的立場的關係，而這可能會在建構系統時有所偏誤。因此在繪製系統時，不應該預設哪個迴路（回饋）是好的，哪個迴路（回饋）是不好的，而是忠實的呈現。

分析：議題的系統（藍晶方舟）

在了解知識結構與互動系統的組成，以及系統的成分與關係後，我們繼續以藍晶方舟為例子，帶大家建構議題系統。

1. 確認系統的成分

依議題的主要內容與脈絡，我們本來界定因果成分為「天氣」、「水資源」、「需求方行為」、「供給方行為」、「人力」、「金錢」。但關於水資源的供給概念，僅有「水資源」不足以描繪，故再將水資源拆為「耗水量」（反映需求所耗用的水）以及「可用水」（反映現行儲備可用的水）兩個成分。

2. 確認因果成分間的關係

　　我們將七個因果成分繪製成系統回饋圖像，從圖中，可以看到可用水為關鍵因素，所有因素最後都會指向可用水、影響可用水。而每一個關係（例如：天氣→可用水，金錢收入→人力……），就是議題中，大眾們會面臨到的事件。

3. 確認因果成分下的項目成分

　　在藍晶方舟，「可用水」、「耗水量」、「金錢」、「人力」的項目成分是數值；「天氣」分有雷陣雨、暴雨、豔陽、乾旱；「供給方行為」有制度實施、政策執行；「需求方行為」則依臺灣主要耗水類別，分有農牧生產、工業生產、環境清潔等項目成分。

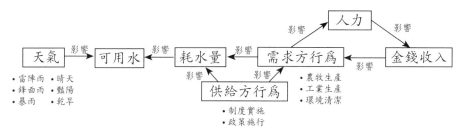

藍晶方舟的系統：因果成分、項目成分、關係

4. 議題核心價值的確認

　　當我們釐清系統成分、建立關係後，接著會將每一個關係都視為此議題應該處理的事件，像是藍晶方舟就有八個事件。然後，我們需要確認能反映議題核心價值的事件，以及驅使該核心事件的起始事件。

　　藍晶方舟的核心價值是水資源供需平衡與永續，可用水是否持續足夠是問題得以解決的依據。因此，「可用水」是關鍵成分，「耗水量對可用水的影響與結果」便是議題最需解決、最被關注的事件；而水資源調適是爲了因應氣候變遷對水資源的衝擊，所以我們會將「天氣對可用水的影響」，做爲起始事件。

三、模擬化─遊戲建構

模擬化：遊戲事件與時序

　　桌遊是由回合流程所組成，「回合流程」是指玩家在每回合要依序操作的階段，也代表會面臨的各個遊戲事件；這跟議題系統的架構有些類似，議題也是由許多事件所組成。因此，我們會將議題系統的脈絡，藉由遊戲情境、回合流程來模擬。在模擬化的過程中，會使用三個步驟來進行遊戲回合流程的建構，分別是事件確認、時序規劃、階段安排。

1. 事件確認

　　我們在前面談到，議題由不同的事件構成，在這個階段中，會先將該議題最重要、最想強調的事件關係列出。在藍晶方舟的系統中，我們會遇到的是事件有「天氣→可用水」、「供給方行爲→需求方行爲」、「需求方行爲→耗水量」、「人力→需求方行爲」、「供給方行爲→耗水量」、「需求方行爲→金錢收入」、「金錢收入→人力」、「耗水量→可用水」等八個事件。

2.時序規劃

　　時序規劃則是依據上述列出的各個事件，按照它發生的時間關係，進行排序。這部分依照議題的系統迴路，可以分為兩類：

(1)議題系統具有完整迴路：是指系統的成分都會是一個事件的起因或效應，這些成分持續地增強或平衡。由於不會有很明確地開始和結束事件，我們通常會以議題核心的「關鍵成分」為主，將指向該成分的事件做為最後一個事件（即核心事件）；我們也會將關鍵成分做為影響遊戲勝負的關鍵，讓玩家會在遊戲中關注此因素。例如：前面練習繪製的產業活動議題，如果人力是我們最關注的成分，這時「金錢→人力」是核心事件，則「人力→產業活動」是起始事件。

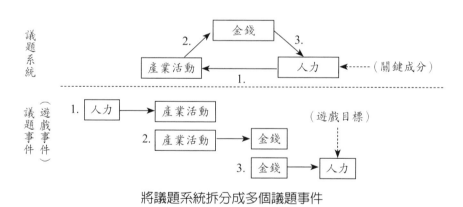

將議題系統拆分成多個議題事件

(2)議題系統不具有完整迴路：是指系統最後將指向一個成分，而此成分不會再指向另一個成分。此成分通常代表議題的重要內涵，我們會安排最後指向該成分的事件，視為遊戲回合中最後的事

件，也通常會設定該成分為遊戲的勝利目標之一。例如：藍晶方
舟系統的「可用水」。

3. 階段安排

　　規劃完藍晶方舟的事件時序後，我們會規劃遊戲的操作階段，也
就是玩家會在遊戲中處理的各類課題。基本上，每一個遊戲事件都需
要玩家來操作，但在設計回合流程時，我們不會分成八個階段，這對
於玩家在理解遊戲規則與脈絡時會過於細節。此時，會將在同一個時
間點處理的事件，或是在相同課題下連續操作的事件，將它們納入成
一個階段。

　　例如：藍晶方舟的八個事件可以分成四個階段來處理：(1)「天氣
→可用水」、「供給方行為→需求方行為」都是指環境（自然、社
會）的背景與狀況，視為「環境」階段；(2)「人力→需求方行為」、
「需求方行為→耗水量」都屬於需求方的行為規劃與成本考量，視為
「需求」階段；(3)「供給方行為→耗水量」與「需求方行為→金錢收
入」都與供水和供水後的行動實施有關，視為「供給」階段；(4) 最
後，「金錢收入→人力」與「耗水量→可用水」都是成分的變動與換
算，在「影響」階段來處理。

　　安排好階段後，我們會使用「情境迴圈」，將最後事件與起始
事件相連，在遊戲中形成一個不斷重複的回合階段。另外要補充說明
的是，重要成分的結算，應該作為最後的事件，放在最後的階段。而
其他階段的順序，若時序上沒有明確的開始，則可依學習和遊戲需求
來安排，例如：環境階段和需求階段是可以互換順序的。學習意義在

於：我們希望讓學生體認到事件後的調整、救援行為，就把環境階段
放在需求階段前面；若我們希望學生體認到事件前的預防、準備行
為，就把環境階段放在需求階段後。

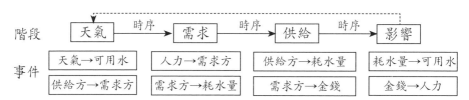

藍晶方舟的遊戲階段與議題事件

　　安排回合流程與遊戲階段後，也會安排遊戲目標，以及扮演角
色。我們可以直接用核心成分、或是影響議題核心價值的重要因素做
為遊戲目標（例如：藍晶方舟的水資源）；而角色則是現實議題中會
面臨這些事件的人物、組織或族群（例如：藍晶方舟的政府、工科
業、農牧業、人民）。

模擬化：事件的回饋機制

　　進行完遊戲事件的確認與階段規劃，接著需要釐清遊戲事件的回
饋機制。回饋機制是指事件中的成分之間的交互作用的模式，在遊戲
中會藉由「輸入→處理→輸出」來表示；而模擬化即是透過遊戲中的
回饋機制，來模擬議題系統中的事件關係「起因→作用→效應」。

　　在此步驟我們會釐清每一個遊戲事件下的交互作用與回饋機
制，但不會規劃這些回饋機制在遊戲中的具體操作，我們也偏向用初

略的描述方式來寫下回饋機制。那是因為模擬化主要是在設計遊戲中的議題系統和脈絡，詳細的遊戲操作過程則是在模式化、模型化中才處理。

在藍晶方舟的模擬化中，我們會這樣初步寫下遊戲的回饋機制：

1.「環境」階段

(1) 玩家面臨「天氣→可用水」的事件，由於天氣是自然事件，並不是人類可以掌握的，因此在遊戲中會選擇具隨機性的機制來表現天氣來臨的隨機性；接著，依天氣類型增加或減少可用水量。(2) 在「供給方行為→需求方行為」事件，供給方可以自主執行行動，因此應該安排具策略性、可規劃的機制。

2.「需求」階段

(1) 在「需求方行為→耗水量」事件，遊戲應規劃讓需求方可以選擇和實施自己想要的行為的機制，並依據真實的耗水量作為參考依據；像是工業玩家可以規劃行動，但可能必須透過大量的水資源，才有辦法發展自己的工廠、電器等。(2) 事件「人力→需求方行為」，則是將人力作為成本考量，安排呈現限制／提供可執行的行為種類或數量。

3.「供給」階段

(1)「供給方行為→耗水量」事件中，供給方有權決定最後要耗多少水來提供給需求方（現實中的限水措施），但可能需安排可以彼此討論、交涉的機制。(2) 於「需求方行為→金錢收入」事件，需求方

在行動後，就會消耗對應的水量，並獲得行動後的金錢。

4.「影響」階段

影響階段是指將前三個階段所獲得的資源進行轉換，像耗水量會降低可用水量、金錢可以拿來購買可工作（需求方行為）的人力。

模擬化：議題系統與桌遊結構的轉換

了解系統結構、遊戲事件與回饋機制後，接著需要說明的是桌遊的結構。桌遊的結構由數個桌遊組成架構而成，建構出一個可運作的遊戲世界。桌遊的組成已在前章讓大家試著以食在好時來分析，這裡再回顧一下：

1. 主題情境：遊戲的主題與情境。
2. 流程規則：遊戲的運作規則。包含有：勝利目標、初始設置、回合過程、回饋機制、物件單元。
3. 實體配件：玩家操作的實體物，以執行遊戲中的互動環境。

在這些組成中，回合過程、回饋機制、物件單元就呈現了結構性的關係：一款桌遊會由「回合過程」所構成，「回合過程」包含並由多個回饋機制（以及對應的遊戲階段與事件）建構而成，而「回饋機制」則聯結了數個「物件單元」的關係，三者建構了整個遊戲的運作系統；而這結構性的關係，也與議題的系統結構相似。

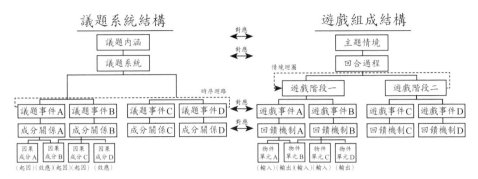

藍晶方舟的遊戲階段與議題事件

具體來說：

1. 回合過程指整個遊戲世界的系統，串聯桌遊的各個運作組成；議題系統則是議題之整體脈絡，建構了各成分彼此間交互影響或相互依存之關係，皆描述一個環境（遊戲、議題）的運作。

2. 回饋機制是物件單元間的轉換關係、轉換模式；系統中的關係是指各成分間的協調與關聯，兩者都在描述該環境中的各個互動與回饋關係。

3. 物件單元是桌遊環境的數值單位；成分則是可定義且可區辨的元素，皆是在該環境所設定的單位。

4. 在面臨一個回合最後一個遊戲事件後，新的回合過程又會再次面臨到最初的事件；正如具迴路的系統，關係又會再次被處理。

　　桌遊具有結構性和層次性，而過程與回饋則讓整個遊戲運作具有系統性和動態性；模擬化即是透過桌遊組成結構與議題系統結構相近的特性，使得議題能融入遊戲、遊戲能建構議題。

　　基本上，想要自己訓練繪製遊戲的議題系統圖像，看著說明書就

應該能畫的出來。這也能做為檢驗說明書寫法是否流暢的方法之一；也可以粗淺預估這遊戲在議題模擬化的程度。此外，讀者們若透過分析桌遊的結構以及議題的結構，繪製系統圖，將會更了解遊戲的流程和操作，甚至可以從遊戲的系統圖中建構設計者試圖傳達的背景脈絡。

　　在了解議題的脈絡以及遊戲的結構後，可進一步地邁向「改作」進程了。改作是參考現有的遊戲的結構與具體操作過程，將遊戲內部的物件單元與轉換關係，替換成一個議題應有的成分和關係。

四、初階實戰：模擬化改作

模擬化改作範例

　　每款桌遊都會有各自的玩法以及遊戲目標，這也是遊戲設計師希望玩家能體驗的遊戲情境。有些情境相當類似，可以相互應用。因此以現有桌遊產品的改作，在遊戲設計的學習初期，是一個不錯的練習方式。如果你是教育工作者，想要有能實施在課程的遊戲，但卻忙於教學苦無設計時間，推薦你將改作階段讀熟。只要參考的桌遊的結構與課程的知識系統相近，你就可以運用改作，好節省你發展一套遊戲的設計時間，幫助你達成遊戲式學習的目的。請記得，遊戲改作仍需要以學習目標為主，因此是在確認學習目標和知識系統後，蒐尋適當的遊戲進行改作，而不是隨意找尋一款遊戲改作然後直接放在教學中。改作的步驟是：(1) 分析要學習的知識系統、(2) 分析現有遊戲的

規則與系統、(3) 建立改作的套用規則。

改作基本上可以分成兩個部分，一個是「主題」的改作，以及「規則」的改作。主題的改作即是根據教學內容，對情境相近、系統相同的桌遊進行改作，基本上規則不會增減。規則的改作則是對主題相同、系統相近的桌遊進行改作，會對規則有所增減。如果熟練的話，兩者可以合在一起進行改作設計，讓遊戲在體驗和學習的效果上更加良好。另外要說明的是，此小節的改作實戰，主要在帶初學者從系統結構上，練習情境與玩法的改作，因此不會討論角色立場的安排。

桌遊主題的改作

這邊我們以「作物的收成與保護」作為範例。首先分析學習主題與學習內容，是作物會被外來環境影響，例如動物吃食、暴雨損害等，面對環境影響，我們可以實施哪些措施來保護作物呢？然後，分析知識結構並繪製系統圖（因果成分、項目成分），並分析事件。

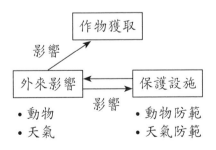

接著，會分析現有遊戲的規則與系統。每個遊戲的規則都有其獨特之處，因此，我們建議讀者廣泛地遊玩遊戲，並試著分析該遊戲的

系統，以便將遊戲規則和系統儲存至記憶空間中，當改作時可以更快的運用。

　　這邊我們以桌遊「髒小豬（Drecksau）」作為改作示範，因為只是範例，所以不會詳細的講解遊戲規則，有興趣的讀者可以自己進一步了解該遊戲。

　　髒小豬是一款全家歡樂的桌上遊戲，適合七歲以上的小朋友，玩家人數為 2～4 人。玩家在起始設置時，會在場面上獲得三隻乾淨的小豬，遊戲目標為將自己場面上的三隻乾淨小豬，變為三隻泥巴小豬即獲得勝利。遊戲配件與效果參照下面表格：

配件	卡牌名稱	功能	數量
小豬卡	小豬	目標：用髒自己的三隻小豬	12 張
功能卡	泥巴	將一隻小豬弄髒	21 張
	洗澡	將一隻泥巴小豬洗乾淨	8 張
	下雨	將所有小豬洗乾淨	4 張
	豬舍	保護一隻小豬不被下雨	9 張
	打雷	燒掉一棟豬舍	4 張
	避雷針	裝在豬舍上，可以防止被打雷	4 張
	鎖住豬舍	裝在一棟豬舍上，該豬舍的小豬再也不會被洗乾淨	4 張

　　遊戲方式非常地簡單，場面上每位玩家放置三張小豬卡、將乾淨的那面放在自己前面；接著，每位玩家抽三張功能卡作為手牌。

　　輪到你的時候，可以打出一張手牌，發動卡牌效果，然後就換下

一位玩家出牌。若是你不想出牌，可以棄掉一張手牌後重抽一張；或是遇到卡牌都出不了的情況，可以將三張手牌打開給其他三位玩家看後，棄掉後重新抽三張。哪位玩家先將自己場面上三隻乾淨的小豬都變成泥巴小豬，他便獲得勝利。簡單分析髒小豬的規則，系統與我們要的作物保護主題相近。

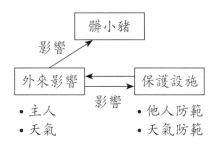

當分析完遊戲後，便建立改作規則。在一樣的遊戲規則與勝負條件下，將遊戲改作成與「作物的收成與保護」有關的主題，玩家必須克服各種困難，成功的擁有三顆成熟番茄才算獲勝。配件如下。

配件	卡牌名稱	功能	數量
番茄卡	番茄	目標—擁有三顆成熟番茄	12 張
功能卡	收成	將一顆番茄變成熟	21 張
	小鳥	啄走一棵成熟番茄	8 張
	下雨	降下大雨，將熟成番茄沖刷走	4 張
	避雨設施	保護番茄不被雨淋	9 張
	打雷	燒掉避雨設施	4 張
	避雷針	裝在避雨設施上，可以防止被打雷	4 張
	紗網	裝在避雨設施上，該設施的番茄不會被鳥啄走	4 張

　　當然，如果想要更豐富內容，或是強調其他的災害，我們也可以自行增加卡牌放進遊戲中，像是蟲災、肥料等。

桌遊規則的改作

　　桌遊規則的改作在於因應學習內容的範圍和對象的程度，在遊戲目標不變的情況下，進行規則減少的改作。此類的改作通常是為了讓改作者可依學習內容的範圍、遊玩對象的程度、或是教學應用進行調整。我們舉兩個範例。

1. 範例一：骰子街（Machi Koro）

　　骰子街是一款具有許多產業建築和功能的主題遊戲，玩家扮演開發商的角色，在遊戲中發展自己的商圈，先蓋出四張目標建築卡的玩家獲勝。遊戲中有四種類別的產業可以發展，分別是藍色的第一級產業、綠色的第二級產業、紅色的娛樂產業、紫色的特化產業。這四種類型的產業卡片可以幫助玩家獲得更大量的金錢，加快蓋出目標建築物。

　　遊戲富有各類建築，如果此次的學習目標是理解第一級產業和第二級產業，我們可以只保留藍色和綠色的卡，讓學生學習；然後逐步增加紅色、紫色的卡，擴大知識的理解。又或者是，雖然遊戲的玩法並不困難，但當對象是第一次接觸遊戲或是學齡層較小的玩家時，很容易在看到滿滿的建築卡和多個目標後，不知道怎麼做選擇，導致遊戲卡住的問題發生。為了讓他們能更快速地熟悉這個遊戲，我們可以適時調整卡片的種類，例如：拔掉部分紫色類型的產業卡，或是將

目標建築物下降成兩棟等，讓玩家在初次遊戲時，玩起來不會這麼吃力；在第二次以後的遊戲，才將全部種類的卡片放置遊戲中。

這個的例子是為了幫助玩家在第一次遊戲時，有更良好的遊戲體驗所做的改作，改動的幅度並不大。若是讀者的教學對象很成熟，那麼直接玩即可，並不需要針對遊戲做調整。

2. 範例二：卡卡頌（Carcassonne）

卡卡頌是一款中世紀背景遊戲，玩家是中世紀的貴族，藉由安排各種手下，提升自身的勢力值。在這款遊戲中，玩家會輪流抽出一塊拼圖，將它拼接在遊戲中，並且在當下決定是否將自己的手下（米寶，Meeples）放在拼圖上，好獲得拼圖上的勢力分數。每個拼圖都有不同的目標位置可以放，每個位置都有各自的分數計算方式。當所有拼圖都被拼上後，遊戲立即結束，由獲得最高分數的玩家獲勝。

這款遊戲的玩法簡單，是以「板塊拼放」作為核心機制，理解城堡、騎士、教堂等中世紀歐洲的相關名詞。但是它的複雜處在於米寶的占領與得分，玩家必須分配好有限的米寶，來獲得最大的分數。這對年齡層較低的玩家來說是比較複雜的，因此需配合對象來改作規則，例如：改成不使用米寶，只要學生拼上拼圖時，能完成對應的目標，就可以馬上獲得該目標分數。

另外，我們也可以搭配一些教學活動，來改作抽拼圖的部分，例如：拼圖不是直接抽出，而是改用回答問題的方式來抽取；從問題牌庫抽一張問題卡，只要有回答即可抽起一張拼圖，若答對則抽兩張，沒有回答視同放棄抽拼圖。問題庫的部分，可依老師們的教學目標與

內容設計。不過，這樣的改作就比較偏向遊戲化。

Mission：**換你做做看**

在此節，將帶著大家依循模擬化的要點進行改作，完成「模擬化改作實戰任務單」！

1. 任務目標

(1) 繪製欲模擬化的議題的系統：重要成分（因果成分、項目成分）、連結成分（成分關係）、安排議題事件。

(2) 分析現有遊戲的結構：遊戲目標、扮演角色、遊戲情境、遊戲事件、遊戲的配件、配件包含的物件單元。

(3) 改作新遊戲：替換遊戲事件、新物件替換掉舊物件、套換新配件。

(4) 測試新遊戲。

2. 改作指引

先選擇市面上一款桌遊，以「主題」或「規則」進行一種改作；由於議題桌遊設計注重內容的呈現，因此我們會以「主題改作」為練習。如果讀者還沒有具體想拿來改作的目標，可以試著用瘋水輪流轉的結構和操作過程，來設計類似具「日常生活習慣」內涵的議題；或是用食在好時，設計有「產出與交易」內涵的議題。

(1) 繪製欲模擬化的議題系統：發想你想要進行的議題，並找出議題的核心因果成分，三個即可。例如，我們以運動健康為主題，核心內容是「食物與運動對健康的影響」，因果成分是「食物」、

「運動」、「健康（分數）」。你列完因果成分後，再列出項目成分，4-6 個即可，可以是數值或成分。請將成分填入格中，並請在虛線上畫上箭頭，來連結成分間的影響與回饋關係。

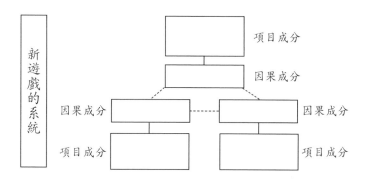

下圖是以運動健康為範例的填寫內容。

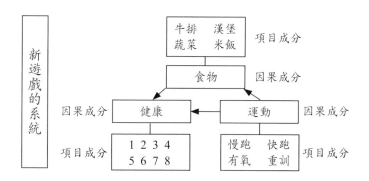

(2) 分析現有遊戲的結構：請進行遊戲分析，完成下圖。請依時序規劃，分析遊戲中的階段與事件，一個階段可能有多個事件，一個事件可能會需要多個配件。

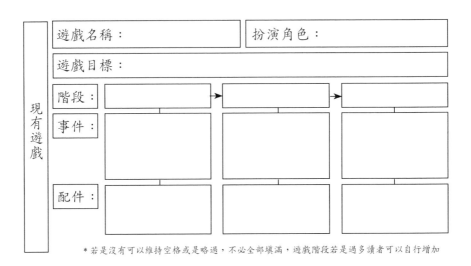

* 若是沒有可以維持空格或是略過，不必全部填滿，遊戲階段若是過多讀者可以自行增加

下圖是以瘋水輪流轉為範例的系統和填寫內容。

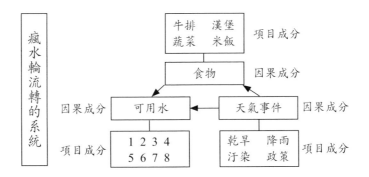

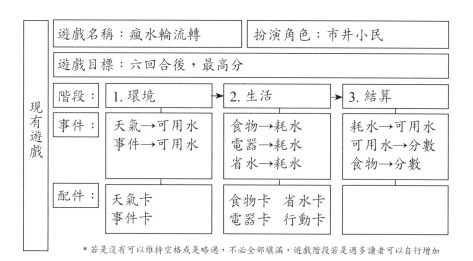

*若是沒有可以維持空格或是略過，不必全部填滿，遊戲階段若是過多讀者可以自行增加

(3)改作新遊戲：安排階段與事件，還有遊戲目標與扮演角色，請確保議題事件與遊戲事件的脈絡相同，而遊戲目標也寫出結束條件和勝負判定。將你繪製的議題脈絡，對應到遊戲結構中，將相同事件下的新成分，替換掉舊的物件，成為新遊戲的物件單元；將新的物件單元套換至舊遊戲的配件中，成為新遊戲的配件。

　　完成後，幫你的遊戲命名，還有相對應的情境與背景。最後，檢視遊戲階段與事件是否有模擬到對應的議題主題或情境。

*若是沒有可以維持空格或是略過，不必全部填滿，遊戲階段若是過多讀者可以自行增加

下圖是以運動健康為範例的填寫內容。

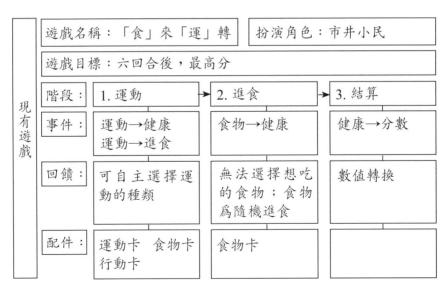

*若是沒有可以維持空格或是略過，不必全部填滿，遊戲階段若是過多讀者可以自行增加

3.改作完成！

在紙上規劃好後，就是馬上手繪自製遊戲配件，然後測試遊戲可行性。如果發現有問題，立刻修正任務單；每次測試完就修正任務單，有助於在改作上的精緻與熟練。

改作之後……

本節是拿既有的遊戲讓大家練習分析議題脈絡和遊戲結構，值得注意的是，相同議題的模擬化不會只有一種結構；每一個設計者會對議題有自己想關注的點，對於桌遊的安排，也會有自己所想的呈現方式，模擬化的結果不會只有唯一一種的設計成品。在符合議題脈絡下發揮自己的原創性，在設計桌遊時是相當重要的事，只要能符合事件特性。

此外，在桌遊改作上，有幾個點要需要注意，也是許多人容易疏忽的地方，在這邊我們列出幾點，分別是：

(1)遊戲目標是否明確。

(2)增加額外卡牌後，遊戲是否平衡。

(3)教學資訊是否過多。

(4)模擬了太多不必要的細節以至於操作繁瑣、流暢度低。

(5)改作不是原創產品，要避免商業行為。

後續：我到底要模擬化到什麼程度？

我們都知道議題的內容量會對不同的對象有不同的負荷，除此之

外，還有「規則的學習」負荷。參與者對於「規則的學習」一直是在進行議題桌遊最要注意的事項。

1. 負荷與精煉

通常規則的學習負荷最大的部分是在學習桌遊的結構，亦即每一個回合要面對的情境、要處理的機制和計算的成分。如果學習者在學習規則上就感覺到重大負荷，我們也別太期望他們會多有動機想玩這個遊戲。

我們建議，在初步學習模擬化時，最需要練習的是「精煉」與「捨得」，精煉出議題的核心內涵、捨得放棄掉次要的操控。這可以預防兩件事：一是避免過多的內容而導致學習上的重點失焦，二是避免複雜的遊戲結構而導致遊玩上的負荷。因此，模擬化應先抓出最核心的議題事件，建構出桌遊的核心操控。在確保這些操控能讓學習者學會核心議題後，再逐步地、適當地細化或擴大系統。

2. 一個模擬化的例子

以我們提供的瘋水輪流轉，做為模擬化程度思考的例子。瘋水輪流轉的核心是「個人水足跡」，意即個人生活習慣的耗水量。因此，因果成分是「個人習慣」與「耗水量」。模擬化的事件就會是：不同的個人習慣所對應的耗水量。如果進一步地完成遊戲，只用指數來設計，例如：習慣指數 1 對應耗水量 2、習慣指數 2 對應耗水量 5；再加入遊戲趣味元素，就可以形成一個簡單的遊戲了（圖）。

　　當然，上面的遊戲內容還無法表達我們想要傳達的主題，因此基本版的瘋水輪流轉，議題內容是「不同的習慣作為（而非指數）對水的影響，以及健康影響」。基於此內容，因果成分增加「健康」，也在「個人習慣」中加入了項目成分以及細項成分等，各成分有其屬性和影響。而「天氣」對瘋水輪流轉而言是次要的，可以在確保主核心（個人習慣）完成後，再考量天氣、社會狀態等；甚至可再添加滿意度、疾病、食物營養等成分。請記得考量議題的主要內容以及學生的負荷。

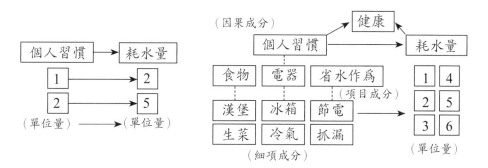

系統結構影響遊戲內容多寡

　　除了成分的增加，有時候你可能會想設計一個跨領域、跨尺度的議題，或想要傳達一個相當複雜的議題；結果，太大的系統導致內容過多、遊戲時間又長，徒然增加學習者在學習與遊玩的負荷。但就你的教學目的來說，又希望能帶給他們夠完整的脈絡，那，該怎麼辦呢？

五、模組化

什麼是模組？

　　模組化（Modularity）以分割議題內容、分散遊戲時間為目的，提供了將一個龐大的議題內容切的設計思維。模組化的過程是將一個議題的系統切成數個子系統，並將各子系統設計成各個遊戲情境與結構。各個子系統代表不同的概念範圍，子系統可以獨立運作，或需要依附在其他子系統才能運作。模組化讓使用者可以依他們目的，挑選單一個或組合多個子系統（遊戲）進行遊玩。這使得議題桌遊的運用，在議題內容和遊玩時間的彈性更加擴大。

　　模組化的概念可以分為兩類，分別為「一級系統的擴大」、「同級系統的並存」；前者的原則是「附加」，將次級系統附加在核心系統上，後者的原則是「結合」，將數個相近規模的子系統相互結合。

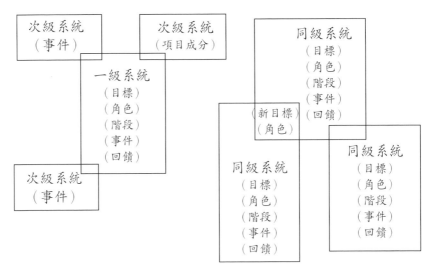

一級系統的擴大與同級系統的並存

1. 一級系統的擴大

「一級系統的擴大」是將龐大的議題歸結出一個核心內容，包含最重要的因果成分，是為一級系統；其他次重要的因果成分或項目成分，則分為數個次級系統。當使用者每次在使用模組時，都必須要有一級系統，然後不挑選或挑選一至數個小系統附加在一級系統上，進行遊玩。

設計遊戲時，一級系統本身就是一個完整的遊戲結構，包含情境、目標、階段、回饋和物件單元。次級系統則是成分與物件單元的增加，包含對應的事件，而這會因成分的層級不同而有兩種設計：

(1)橫向擴大，次級系統是項目成分或是細項成分，而這些成分所屬的因果成分，即是一級系統中的因果成分。這類設計是在遊戲中增加處理的因素，讓玩家在選擇上變多，但不會增加事件。

(2)縱向擴大，即次級系統為因果成分，而這些因果成分與一級系統的因果成分有回饋關係。這會新構成一個事件和對應的回饋，也就增加相對的遊戲時間。

2. 同級系統的並存

「同級系統的並存」是將龐大的議題歸結出數個相近規模的系統；當學習者每次在使用模組時，可以挑選一至數個同級系統，獨立遊玩或相互組合後遊玩。

在議題的脈絡中，各個同級系統自身即為一個情境迴圈的系統，會包含數個因果成分，其中幾個成分也是其他同級系統也會有的成分；而同級系統就靠這些交集的成分相互連結組合。也就是說，依

模擬化設計遊戲時，各個同級系統本身就是一個完整的遊戲結構，各自包含有故事、目標、階段、回饋和物件單元。由於各系統的成分即是因果成分，因此相互組合時，除了會新構成情境和對應的機制外，也會有組合後的新的遊戲故事、目標與流程。

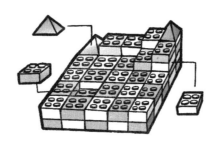

模組化就像拼樂高，可以依據你想要的內容去增減疊加。

範例：怎麼設計？

　　使用模組化是讓議題桌遊在學習內容、遊玩時間更有彈性。因此，以模擬化為前提，身為設計者需要了解怎樣的議題範圍適合將之模組化，或應該將之模組化。從學習層面考量，我們認為可以從兩個方面來評估：事件數量、遊戲時間。若議題事件超過四個，或遊戲時間會超過 40 分鐘，就建議要考量模組化的進行。設計步驟如圖。

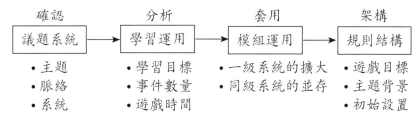

模組化的流程與細項

　　那是要設計成「一級系統的擴大」還是「同級系統的並存」呢？
這牽涉到議題學習的目標，以及議題內容的優先性。內容優先序是
指，在一個我們所繪製、完整的議題系統之中，就設計目的而言，有
哪些是較關鍵（優先序1）、次關鍵（優先序2、優先序3）的內容；
較關鍵的成分與關係，是必須傳遞或學習的內容，需要形成遊戲情境
迴圈，做為一級系統。然後，考量次關鍵內容的組成：

(1)如果次關鍵內容不多，也無法形成情境迴圈，則可作為次級系
　　統，依附在一級系統下，即為「一級系統的擴大」的設計。

(2)若次關鍵內容多，且可形成情境迴圈，則建議作為同級系統，即
　　為「同級系統的並存」的設計。在遊戲的運用與學習，應該先進
　　行優先序1較關鍵的系統，再進行其他同級系統。

　　我們也以藍晶方舟為例子，解釋兩種模組化的設計思維。此
外，模組化主要處理議題系統與遊戲事件的切分和組合，我們不會進
行回饋機制的設計與安排。

1. 範例：藍晶方舟——一級系統的擴大

　　就團隊所開發和推廣的藍晶方舟而言，我們構想的議題內涵牽涉社會運作與立場，包含的範圍相當廣泛；因為此系統太過複雜，且第一次玩會超過 40 分鐘，故依模組化的原則，排定優先序。依學習目的分析後，認為遊戲的模組化設計適合為「一級系統的擴大」，思維與步驟如下：

(1) 遊戲目的是傳達水資源調適議題，以「水資源永續與供需」為主，有天氣衝擊、水資源、需求方行為、供給方行為、水足跡等概念。

(2) 較關鍵、優先序 1 的「一級系統」，包含可用水、耗水量、需求方行為、供給方行為，以及金錢；優先序 2 則規劃有兩個次級系統，分別是因果成分的「天氣」、「人民健康」（縱向擴大）；優先序 3 有兩個系統，因果成分的「人力」（縱向擴大）、供給方行為與需求方行為的項目成分（橫向擴大）。

(3) 優先序 1 的一級系統，扮演的角色為政府、農牧、工科與公會，以獲得金錢為目標，注重在水資源供需和社會互動；而加入優先序 2 的次級系統，增加關注極端天氣對水資源的衝擊，目標也增加了人民健康；再加入優先序 3 的次級系統後，則能執行更多種行為。

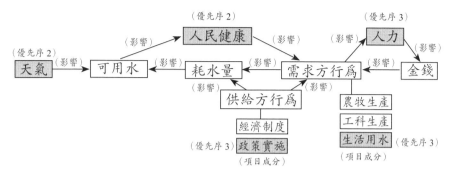

藍晶方舟系統中的優先序（灰底次級系統的成分可最後加入）

2.範例：藍晶方舟──同級系統的並存

　　就水資源調適議題來說，藍晶方舟也可以設計成「同級系統的並存」：

(1)基於水資源永續，除了天氣對水的影響、水足跡概念外，還有兩個主要學習面向：供給方立場的「水資源供給」、需求方立場的「水資源需求」。

(2)兩個面向的內容數量相近，也同等重要，因此進行同級系統的模組化：「水資源供給」系統關注天氣對水資源的衝擊、以及水資源的分配和政策執行，為圖中粗體字；「水資源需求」系統關注產業行為與水足跡、水資源的來源、金錢獲得等，為圖中灰底。

(3)在供給面向的系統，參與者會扮演政府，以維持人民健康為目標，注重產業需求、人民需求、水資源供給；在需求面向的系統，參與者會扮演農牧、工科和公會，目標則與金錢有關。兩個系統結合後，玩家分別扮演這四個組織，以獲得金錢、水資源與人民健康為目標。

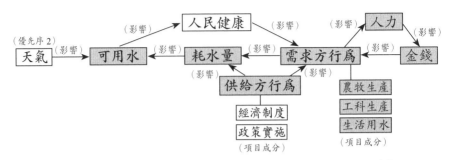

藍晶方舟系統中的各個同級系統（供給：粗體、需求：灰底）

模組化：議題系統的分析細節與範例

　　練習到這邊，可能會想說，進行議題系統分析時，我的成分，要以什麼為最小單位進行分析？

　　成分的分析，如同前面提到的知識結構，寫上一個論點（例：食物）時，你可以再寫上下一個層次的論點（例：肉類、菜類），也可以再加上下一個層次的論點（例：肉類之下有牛、雞、豬、魚）。也如同系統概念一樣，一個系統的成分，可能是另一個系統，例如：地球系統有大氣圈、海洋圈、岩石圈、生物圈四個成分，之間有交互作用；我們又可以把生物圈包含植物、昆蟲、菌類、動物等成分；而動物，也有自己的系統。由於議題通常為龐大的系統和組成，如果在分析時無限制地寫下去，你的這個桌遊將會成為「百科全書」，而不是「學習媒材」。因此，你一定要先寫下想要傳達的議題的核心系統。

　　基本上，只要有因果成分的存在，而這些成分藉由數字做為內部差異，即可開始設計具有機制和回饋操作的遊戲。例如：需求方的數

字累積（需水量累積）、供給分藉由數值（供水量）限制需求方等。可是，你可能會覺得這樣的議題內容對於模擬現實社會還有些差距，然後考慮增加幾個內容；這些內容都會使得玩家面對的事件、遊戲的結構都會有所不同。

　　例如：藍晶方舟的一個例子「供給方行為、需求方行為、可用水」，系統 (1) 是最初原型，而就系統 (2)、(3)、(4) 內容增加的設計，還不需要模組化。但是，如果我們想在系統 (2) 還要增加細項成分甚至是第四級成分，或是想要的系統內容是 (2)+(4)，則應該實施模組化，好分次運用遊戲來學習議題。

系統 (1)：因果成分「可用水」、「供給方行為」、「需求方行為」與數值。

系統 (2)：因果成分「供給方行為」與「需求方行為」不再是數字，而有特定行為的項目成分。

系統 (3)：增加因果成分「人力」與事件「人力→需求方行為」，讓學習者認知到需求方行為（效應）會受人力（起因）影響。

系統 (4)：因果成分「人力」除了是起因，還是另一個事件「可用水→人力」的效應，需要思考和關注可用水對人力的影響。

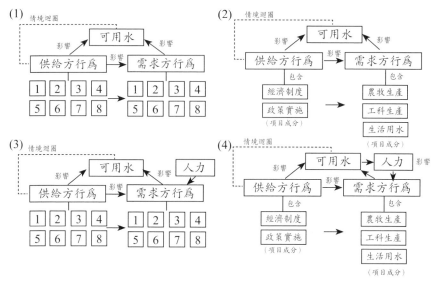

不同因果成分與項目成分的模組系統

模組化的後續

我們強調要把議題系統繪製完整後,再考量模組化,這是為了確保桌遊在傳達議題時的完整性和結構性,避免因為後續的疊床架屋造成的議題結構不穩定或系統發散。而由於模組化需要有相當的了解和經驗在議題系統繪製、學習安排、遊戲結構規劃,因此建議熟悉議題桌遊的設計後,再進一步嘗試和挑戰設計跨領域、跨尺度、多內容的議題。

值得注意的是,同樣的一個議題,會因為教學目的與教學規劃,而有不同的內容優先序,進而採用不同的模組系統。模組化時的內容優先序,也可做為遊戲開發順序的參考,讓使用者能循序漸進地學習,這包括:情境的由熟入陌、內容的由少入多、難度的由淺入深、規則的由簡入繁。

第四章 從 40 到 70：議題桌遊與它們的 Design

　　前一章「議題桌遊與它們的 Cases」提到了六模化，以及六模化中的模擬化、模組化；也帶大家分析議題系統與桌遊結構，並進行模擬化改作練習。

　　在本章，會進一步說明模式化，了解議題桌遊設計的四個項目（CSSC Design）：議題資訊、議題系統、規則結構、機制組成；以及兩個脈絡：系統導向、回饋導向。此外，還會介紹用來檢視和設計回饋機制、呈現概念特性的「模型化」，以及可做為卡牌配件繪製和套用的「模板化」。

　　我們建議在閱讀此章時，聚焦思考：我想讓玩家體驗和學習什麼？

一、模式化

模式化（Mode）是什麼？

　　透過模擬化，我們能藉由桌遊的組成與結構，來呈現議題的脈絡與概念，同時確保了議題桌遊的學習功效。而「模式化」則提供了可依循的設計思維，帶大家設計一套議題桌遊。

　　模式化的一個重點是協助設計者關注並規劃議題桌遊設計的關鍵成分：議題資訊、議題系統、規則結構、機制組成，這四個項目各有主要的分析重點，並與相鄰的項目相互連結；也同時以議題之脈絡與概念爲核心要素，思考議題的系統和桌遊的運作結構的關係。另一個重點是協助設計者建立設計時的思考脈絡，有兩個：基於系統的「系統導向脈絡」以及基於回饋的「回饋導向脈絡」。

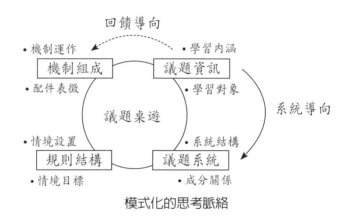

模式化的思考脈絡

模式化四項目

　　模式化也稱做 CSSC 設計模式，CSSC 即是四個項目：議題資訊（Content of Learning）、議題系統（System of Issue）、規則結構（Structure of Rules）、機制組成（Components of Mechanisms），每個項目有關注的內容，以及分析的重點。

1. 議題資訊

　　「議題資訊」關注在此桌遊的存在價值，以及議題學習之目的。分析的重點是桌遊中的議題核心內涵，以及預期遊玩這個桌遊的對象和他們的背景；議題資訊是模式化兩個思考脈絡的起點。

(1)學習內涵：指預期讓玩家學到的議題內容，聚焦了其他項目的發展。具體條列學習的內涵能確立遊戲的願景和重點，並引導和激發整個設計和開發過程。在此項目會寫下議題主題、條列議題中重要概念（即促使我們去處理議題的驅動力）；此外，也應該包含議題的態度與行為等內涵（於第五章詳述）。

(2)學習對象：主要分析玩家的學習背景與能力。玩家的認知能力會影響他們可接受的知識難度與遊戲複雜度；而玩家的遊戲經驗與喜好，也會影響他們對遊戲難度與種類的接受度。

2. 議題系統

　　「議題系統」關注在此桌遊要傳達的議題範圍與系統，分析的重點是議題的核心的系統結構，包含因果成分與項目成分，以及成分之間的關係。

(1)系統結構：處理此桌遊的議題脈絡，即「模擬化」的核心事件與因果成分，繪製出因果成分間的關係與事件流程。在此需確保因果成分的屬性和關係都是有意義的，彼此間也需存在交互影響。

(2)成分關係：釐清因果成分與關係的概念特性，並列出項目成分與相應的關係。此時需注意學習者能接受的內容量，也需注意桌遊能提供的資訊呈現方式。

3. 規則結構

「規則結構」關注在此桌遊的運作脈絡。分析的重點是遊戲目標以及遊戲情境的設定，包含「背景主題」、「勝利目標」、「初始設置」、「回合過程」。

(1) 情境設置：又細分為背景主題與扮演角色。背景主題在描述遊戲的背景，不牽涉遊戲運作，良好的敘述有助於玩家投入和想像。扮演角色則是賦予玩家一個真實或虛擬世界的角色，並給予該角色面臨的課題，玩家將基於角色情境進行經驗上的學習，來完成課題。

(2) 情境目標：又細分為遊戲目標與回合過程。遊戲目標反映著遊戲想傳達的價值，玩家會為了想達成目標，主動地去探索與學習遊戲的原則、解決碰到的問題。回合過程指玩家在遊戲中面臨的階段與事件，這些事件依循遊戲背景、目標與角色所建構，呈現遊戲的運作脈絡。另外還有「初始設置」，是玩家一開始擁有的資訊和資源。

4. 機制組成

「機制組成」關注在此桌遊的細部運作，分析的重點是回饋機制（遊戲機制）的操作與物件單元的回饋關係，以及實體配件的設定。

(1) 機制運作：需定義回饋過程，即是玩家可操縱的動作、玩家在執行動作前的輸入，以及動作後在遊戲中的輸出。回饋過程構成了物件單元間的關係，而回饋結果讓參與者促發反思的可能，進而調整自身的思維與知識結構。此外，機制的安排也會牽涉玩家間

的互動。

(2)配件表徵：配件是表現遊戲世界、讓玩家操作遊戲的具體化物
件。構想時應考量其存在必要，多餘地配件會增加操作繁雜感；
繪製時應考量其排版，讓玩家能清楚理解、體認到遊戲中的系
統。其中，指示物的資訊表現量較低但可立體化；圖板和卡牌的
資訊表現量多，可適當呈現遊戲中的回饋過程或遊戲結構。

　　由於機制的運作是桌遊的核心，也是模擬化的重點之一，因此我
們在此多加說明。

　　回饋機制由「輸入→處理→輸出」組合，「輸入」是指玩家在遊
戲中所支付的成本，可能是金錢、資源、行動點、時間等支付需求或
執行條件；「處理」是指玩家在遊戲中進行回饋機制的具體動作，例
如：支付、占領、丟擲等；「輸出」則是玩家在動作後可以獲得的物
件，可能是金錢、資源、行動點、時間等。

　　模擬化即是用機制的「輸入→處理→輸出」來模擬事件的「起因
→作用→效應」，同一個事件可以用許多不同的機制來模擬，達到模
擬化的效果。而通常我們在為事件安排機制時，會以自己對於回饋機
制的認知與經驗，置入、轉換或創新機制，這是可行的，且我們鼓勵
創新，只要符合議題的特性。

模式化的思維與步驟

　　模式化的設計思維分有基於系統的「系統導向脈絡」以及基於回
饋的「回饋導向脈絡」。系統導向脈絡的主軸，是將抽象的議題轉變
為具體的操作，它從學習的目的出發，著重在議題脈絡的整體性，然

後以桌遊的組成與結構呈現議題系統與概念。回饋導向脈絡的主軸，是設計具體的操作來體認抽象的概念，它從遊戲的目的出發，著重在回饋機制帶給玩家的回饋感，設計具樂趣、不破壞系統且能輔助學習的機制。模式化的流程步驟如圖。

模式化的流程與細項

　　議題桌遊以體認議題脈絡為目的，應以系統導向為主，基於議題系統的建立來引導遊戲的設計，讓遊戲確實地聚焦在系統學習的效果上。此外，也應基於回饋導向脈絡，分析參與者適合的遊戲系統，思考會引發玩家樂趣的遊戲環境，以及能輔助知識學習的操控模式。在進行模式化時，皆會同時應用兩種脈絡，以求此桌遊的議題學習性與遊戲樂趣性的平衡。

1. 從角色情境建構議題脈絡：系統導向脈絡

　　此脈絡從桌遊的議題資訊出發，依序從廣泛抽象的議題系統，定義出具體細部的遊戲組成。分析每個項目時皆應依循「模擬化」的原則，以持續聚焦在模擬與學習的功用。具體思維為：

(1)從議題資訊到議題系統：關注在評估議題的內容範圍、參與者的

認知負荷。「議題系統」依「議題資訊」之議題主題與內容，繪製系統結構圖；亦評估參與者的可能負荷，適當地調整成分的數量。在此步驟也要考量議題系統是否應該進行「模組化」設計。

(2) 從議題系統到規則結構：關注在評估模擬化的程度、參與者的遊戲負荷。在「規則結構」的遊戲目標應符合學習的目標，回合過程考量「議題系統」讓玩家投入具議題內涵的角色與事件，面臨各項立場與價值觀的選擇。也須避免過多的遊戲階段與事件，造成參與者在學習規則的負荷。

(3) 從規則結構到機制組成：關注在評估遊戲世界的細緻度和呈現方式。「機制組成」在配合「規則結構」的事件，設定適當的回饋，讓參與者從中體認和學習遊戲與議題的系統；在實體配件的操作上，設計的思維也應符合議題擬真性。

2. 從操控回饋認知學習內容：回饋導向脈絡

此脈絡從議題資訊出發，依序從具體的機制組成到規則結構。注重在機制操控帶給參與者的回饋感，以及回饋過程所得到的學習與調整；同樣的，也需要注意機制是否符合議題的內容。

(1) 從議題資訊到機制組成：關注在評估機制對學習的效用、參與者的接受度。「機制組成」是參與者直接面對遊戲世界、操控遊戲環境的桌遊組成，應考量參與者對遊戲的認知，安排適切的機制；配件的設計也應符合參與者的資訊能力。此外，也需確認參與者是否能在動手操控機制的過程中，得以體認和學習議題內涵。

(2) 從機制組成到規則結構：關注在評估規則與機制的配合程度、參

與者的負荷。回饋機制應與遊戲規則相互配合，發揮議題模擬化的效用。機制與事件的安排也應提供讓參與者可以依自身的能力，建構與決定策略模式，來挑戰目標；避免僅有唯一解的遊戲環境，因為這不符合議題的本質。當然，在設計時，也必須顧及桌遊結構對參與者的負荷度、議題桌遊存在的目的。

二、模式化的運作範例

概覽

接續著前章「模擬化」對「藍晶方舟」的說明範例，在此將繼續以藍晶方舟介紹我們運用模式化的設計過程。雖然我們已於模擬化說明藍晶方舟的系統建立，但在這邊我們會更具體地說明模式化的重點：議題學習與遊戲設計的搭建。

藍晶方舟的設計項目與內容如下表，整體而言，即是先思考欲培養的水資源調適素養，然後安排水資源的情境與階段，並依概念或事件的特性安排遊戲規則、機制與配件。

設計項目	次項目	內容
議題資訊	學習內容	水資源調適。議題驅力：水資源永續
	學習對象	大眾
議題系統	系統結構	天氣影響、經濟制度、社會運作
	成分關係	天氣、水資源、水足跡、食物、電器、金錢等

設計項目	次項目	內容
規則結構	遊戲目標	獲取綜合分數（資產、水資源、民心）
	情境設置	角色模擬：政府、農牧、工科、公會 回合過程：環境影響、貨品交易、結算
機制組成	回饋機制	回饋機制：手牌管理、交易 玩家互動：競爭、協商
	配件表徵	天氣卡、食物卡、電器卡、省水卡、制度板等

訂定議題資訊

　　藍晶方舟以大眾爲對象，希望讓大眾能學習「水資源調適」之概念，而水資源調適議題的驅動力在於水資源永續的達成，關鍵在於與水有關的供需組織對水足跡的理解、產業活動的實施以及經濟發展、用水供需的平衡，因此，重要概念包含水資源永續措施、水資源的供需平衡、產品水足跡。具體的核心事件爲：天氣與經濟制度對水資源供給與需求的影響、組織行爲對水資源供給與需求的影響、水足跡與用水的關係。

　　設定遊戲對象與學習內涵後，遊戲便會以此設定爲基礎，展開議題學習的範圍以及概念細節。

確認議題系統

　　水資源調適主要是因應氣候變遷對臺灣可用水的衝擊與影響，來調整用水策略。在臺灣，與水資源供給有關的是政府單位，政府單位

的決策會影響相關產業在行為的選擇和實施，以及這些行為對應的耗水，進而影響臺灣總體可用水量。而可用水主要的需求產業（群體）是農牧業、工科業與民生，這些產業會有自己的目的或需求，以及負責或能實施的行為，例如：作物生產、電器生產、民生飲水等。此外，產業的行為也受資金和人力等資源影響。

依循議題核心內容，我們分析因果成分與項目成分，而為能更為擬真調適議題，供給方行為的項目成分「經濟制度」還有「水價」、「稅金」，「政策實施」還有細項成分「商貿」、「資源」、「管理」等類型。需求方行為的「農牧生產」還有「作物」、「畜牧」；「工科生產」還有「設備」、「科技」等細項成分。

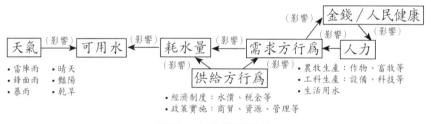

藍晶方舟的議題系統

制定規則結構

藍晶方舟的目的是體認和學習水資源之衝擊與供需平衡，故遊戲以水資源在社會的流動，以及社會運作為背景。為了體現供給方和需求方，以及需求方的差異，遊戲設計政府、農牧、工科、公會等組

織角色，讓玩家分別扮演。在遊戲目標設定，是綜合分數最高的是贏家，分數爲擁有的資金、水資源與民心；這呈現現實組織運作的重要指標，也引發參與者思考會影響這些指標的事件。

　　我們也會在此項目，分析藍晶方舟的議題事件，並歸結出遊戲階段；事件共有八個，分屬在「環境」、「需求」、「供給」和「影響」階段中。然後，爲了能讓遊戲回合具循環性，在「影響」階段之後，建立情境迴圈至「環境」階段，「環境」階段即爲每個回合的開始。

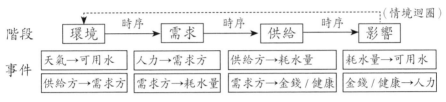

藍晶方舟的情境階段與遊戲事件

構築機制組成

　　在此步驟，我們規劃桌遊的細部的運作內容，安排回饋機制與配件。每一個事件至少有一個回饋機制來處理（也稱遊戲機制），而回饋中的每一個輸入和輸出都應該是議題中的成分，動作則爲玩家具體的行爲。機制的運作應該要符合該事件的特性，增加遊戲帶入感，達到模擬化的效果與目的；也能讓玩家在各個階段中，考量想完成的目的，然後藉由操控機制來達成。記得，這裡在填寫回饋機制時，乃是基於主題、依據這些事件的特性來分析並創造每個輸入、動作、輸出，而不是直接填寫桌遊機制（例如：區域控制、手牌管理），以避

免專注在遊戲玩法的思考而忽略了系統導向的原則：情境切合。

　　以下描述藍晶方舟的四個階段，共八個事件的回饋處理、模擬目的與學習內容：

1. 回饋機制

(1)**「環境」階段，「天氣→可用水」事件：**回饋為「天氣牌（庫）─抽取和結算─可用水」。為了呈現人類無法控制的天氣，遊戲設計有一疊天氣卡，每次事件隨機抽取一張，顯示本回合的天氣，並依天氣類型，計算天氣對可用水的影響。此外，我們也可以擲骰的方式來呈現隨機性，可以參考真實季節會有的天氣機率，來決定六面骰中，各類的天氣類別；接著將骰子上的天氣，再對應到影響的水量。

(2)**「環境」階段，「供給方→需求方」事件：**回饋為「供給方─制定制度與政策─需要方」。我們使用制度板的撰寫、政策卡的發佈，來呈現供給方可決定社會制度；而這制度可能會限制或影響需求方的可選行為以及行為的效用。

(3)**「需求」階段，「人力→需求方」事件：**回饋為「人力─選擇─產業行為」。產業需思考所擁有的人力成本，來選擇想要實施的產業行為。這個事件的回饋，也可以是列出各種行為，玩家需消耗行動點（人力）來執行。

(4)**「需求」階段，「需求方→耗水量」事件：**回饋為「產業行為─預估─耗水量」。我們用玩家自主打出產業行動卡和產品卡，來模擬產業可以控制的產業行為；並在選擇行動時，同時預估可能的耗水。

(5)「**供給**」情境，「**供給方→耗水量**」事件：回饋爲「供給決議—支付—耗水量」。政府單位爲水資源供給的組織，會依據目前的社會需求，決定發放多少的水資源給其他三個組織，來模擬「政策」或「限水」等措施；措施可能是玩家需透過自由拿取、交易或競標等社會互動過程，來爭取水資源的獲得。

(6)「**供給**」情境，「**需求方→金錢／人民健康**」事件：回饋爲「產業行爲—獲得—金錢／人民健康」。當供給方提供可用水後，各個產業可以決定要發展哪些項目，此時，玩家必須有對應的水資源，才能把發展項目打出來，代表他成功發展這個項目，並且獲得或付出對應的金錢；另外，部分的發展項目會影響到人民健康。

(7)「**影響**」階段，「**耗水量→可用水**」事件：回饋爲「耗水量—扣除—可用水」。這個事件僅是單純的數值計算，用來模擬可用水的消耗。

(8)「**影響**」階段，「**金錢／人民健康→人力**」事件：回饋爲「金錢／人民健康—購買—人力」。在此事件，玩家可以用獲得的金錢來聘用人力，而人民健康則影響遊戲可以提供的人力上限。

　　在藍晶方舟裡，每個事件都可以討論、協商和溝通，來影響供給方與需求方決定實施何種行爲，反應了議題的變動性與討論性；也激發玩家相互影響，是可競爭可合作的遊戲環境。

2. 實體配件

　　爲了讓參與者對遊戲背景具熟悉感和投入，卡牌名稱與繪圖皆使用熟悉的物品或行爲，例如：水價、牛排、冷氣、使用環保瓶等。由於各項物品或行爲的眞實水足跡或金額差異極大，不可能將眞實數值

反映在遊戲中，因此以相對大小的數值來簡化。卡牌呈現現實中會發生的行爲，並連結行爲名稱與影響的因素，以及安排玩家可執行的動作；這讓玩家能專注思考行動時的效用及影響，同時也將抽象的社會運作具體化。

　　下圖爲藍晶方舟透過模擬化與模式化的設計，有「議題資訊」、「議題系統」、「遊戲目標」、「扮演角色」、「回合情境」、「處理機制」、「配件安排」。這張圖僅簡單繪製出結構與內容，供大家參考；而此圖也是本章將實戰練習的任務單內容，建議先多加研讀。

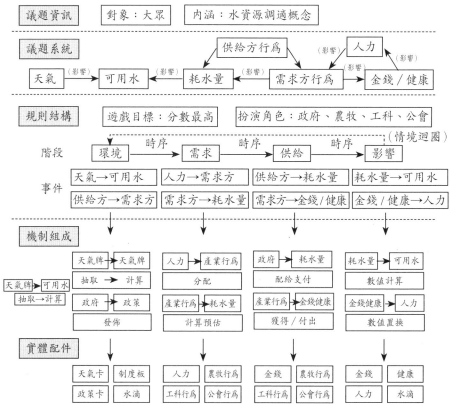

藍晶方舟的模式化設計內容

模式化過程中的一點建議

　　議題桌遊雖然是從學習的角度出發，但是它的本質還是遊戲，因此在模式化的過程中，要避免太過制式的學習而安排了過於僵硬無趣的處理機制，就容易失去遊戲本身應具有的趣味性了。我們應適當地評估和斟酌，避免讓議題遊戲玩起來像是在讀書一樣。

　　順道一提的是，讀者們在後面的模式化實戰中，還請謹慎考量議題桌遊在學習與趣味的平衡，安排適當的遊戲內容，避免有想塞滿機制或看到任務單就想要寫滿的衝動。

三、模型化

　　模型化（Modeling）是透過「概念建構類比模型」，將遊戲的各項組成，依據概念的特性，適當地類比與呈現議題中的概念，以確保模擬化的效果。

什麼是模型？

　　第一眼看到「模型」一詞，大家反應應該多是汽車模型、房屋模型等實體物件。這樣的模型，又跟議題桌遊設計、模擬化有什麼關係呢？事實上，這些實體物件是有模擬、類比、和學習的用途，與議題桌遊的性質與用途有相近的意義。

　　在日常生活中常見的實體模型，大都是實體物的縮小版，雖然未必細節完全一樣，但主要的結構與型態多會在縮小模型中體現；功能

性的呈現（例如：車子會不會跑），則會依設計模型的目的而決定。基本上，這些具體、可操作、可觀察的實體物件，它們的作用即是拿來說明對應的實體的構造和功能，並用來與他人進行描述、溝通、解釋與理解。

因此，模型不僅限於實體的微縮物件，只要是能用來說明物件、事件、現象或想法，具有解釋與理解等功能的動作、影像或符號等，都能視爲模型，例如：生活中的天氣圖、數學公式。

用來說明事件、現象或想法的表徵都能視為模型

模型被使用來說明和解釋現實世界，遊戲則是被操作來了解和體驗遊戲世界，兩者性質相近。如果我們能藉由這相近的性質，規劃和檢視桌遊的各項組成中是否有呈現模型，讓玩家在操控遊戲的過程中，也應用了模型來理解甚至學習到相對應的內容，這便是模型化的意義。

在前一章，我們使用知識結構、互動系統等圖像來描述議題脈

絡，也稱爲「系統模型」；然後，我們再藉由這些圖像來將議題模擬化成遊戲，用來確保玩家能在遊戲中體認和學習議題的內容與概念，就是模型化的應用。

概念建構類比模型

在這邊，我們所運用的是教育學者哈里森（Harrison, A. G.）和崔格斯（Treagust, D. F.）兩位學者歸類出的模型。他們從教師課室的教學中，系統性地分類具教學與學習效果的概念類比模型。我們能藉由類比模型，適當地類比與解釋現象與知識；包括，縮放和誇大實體物體、符號和方程式、圖表和地圖、模擬等類比模型。

雖然兩位學者的發表是以科學內容爲主的探討類比模型，但實際上類比模型是基於學習目的、依概念特性（而非內容）所歸類的，能適用在許多學科。如下表。

用途	模型	目的	範例
用來建立概念知識	尺度模型	物件的顏色、外部形狀和結構。不以材料、內部結構，功能用途爲主。	例如：動物模型、汽車玩具。
	教學類比模型	用來解釋與分享資訊，常藉由簡化或誇大的模擬來突出想要傳達的概念屬性。	例如：原子是球，原子鍵插入球中間。

用途	模型	目的	範例
用來建立概念知識	標誌和符號模型	用符號或標示來解釋物件的組成。	例如：二氧化碳的化學式 CO_2，或是 O＝C＝O。 **CO_2** **O=C=O**
	數學模型	用數學方程式表示物理性質和過程，用來描繪概念性的關係。	例如：$k = PV$。 **K=PV**
	理論模型	人類建構來描述理論的基礎實體。	例如：氣體動力學模型。 $PV = nRT = \dfrac{N}{N_0}RT = N \cdot \dfrac{R}{N_0}T = NkT$
描述多重概念和過程	地圖、圖表和表格	表徵模式、路徑和關係，讓學生簡易判讀的圖像。	例如：天氣圖、電路圖。
	概念過程模型	呈現一個非物質概念的過程（概念—過程）	例如：氧化還原的化學平衡過程。 **$2H_2O_2$** ↓ **$2H_2O + O_2$**
	模擬	多種動態的模型，一個複雜的過程。	例如：全球暖化。

用途	模型	目的	範例
實體、理論和過程的個人模型	心智模型型	一種心智的、類比的表徵，個體在與他人互動時所產生的。	
	綜合模型	學習者不斷發展中的概念，綜合了初始模型與教師傳達的類比模型。	例如：學習者使用太陽系模型來學習原子結構。

模型化的思維

「模型化」的目的是當我們在進行模擬化與模式化的時候，確保桌遊的組成能適當地呈現議題內容，進而讓參與者在遊戲中認知到議題中的概念。基於模型在用途與目的的分類，能呈現模型的桌遊組成應該要具單一性，可由單一模型對應；具表現性，可表現概念的意義；具運作性，可被玩家運用來類比或解釋概念。

其中，有些桌遊組成無法呈現類比模型，例如：「背景主題」僅為字詞上的描述與定義，沒有表現性和運作性；「流程規則」包含多個不同的組成，不具單一性；「初始設置」是玩家一開始擁有的資訊與資源，不具運作性；「回合過程」包含許多事件，不具單一性；而「物件單元」僅為定義性的內容，不具運作性。而有些桌遊組成，則

應該呈現類比模型，例如：「遊戲目標」指達成的目標與結束條件，為單一事件過程，也有運作性；「回饋機制」是在情境下的行動操控與回饋計算，具有事件、現象等過程，有單一性、運作性；「實體配件」可細分圖板、卡牌或指示物等，各配件具有單一性且有表現的意義。

　　這些能模型化、協助概念學習的桌遊組成，應該是議題桌遊模擬化的檢視重點；而且這些也是在遊戲式學習理論中的重要組成：「遊戲目標」促發玩家學習的動機、「回饋機制」建立學生的認知、「實體配件」是玩家操作桌遊的媒介。這讓模型化於議題桌遊設計的作用，有相當高的意義及在學習上的價值。我們應該盡可能地在這些桌遊組成上，呈現對應概念特性的「概念建構類比模型」的十種模型類別，進而適切地模擬出議題桌遊的整體脈絡與細節。

模型化的原則

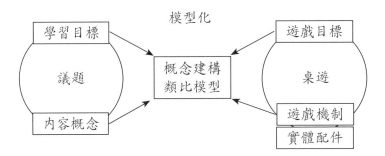

模型化的目的

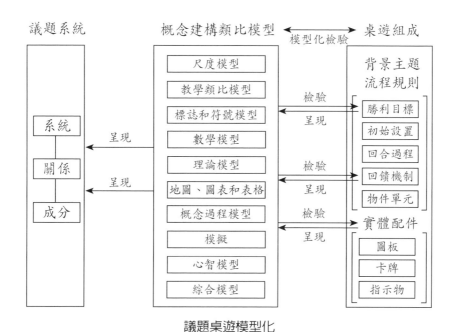

議題桌遊模型化

透過模型來分析桌遊

　　理解模型化的思維後，在著手進行模型化前，我們建議你用模型來分析現有桌遊，而且也應該練習分析。因為模型化的目的即是分析桌遊組成是否符合概念的特性；也可以初步預估桌遊的成效，判斷學習者透過桌遊的操控可能會認知到的概念特性。

　　如何分析呢？如同模擬化的分析練習：閱讀說明書，圈選「遊戲目標」、「回饋機制（遊戲機制）」、「實體配件」等說明，用「概

念建構類比模型」來分析這些是否具有概念意義與模型意義。例如：若有一款桌遊的目標是治療所有病人，目標的達成是有意義的解決過程，則呈現了「概念過程模型」，預期會學到治療的過程以及與疾病的回饋關係；若有一個處理機制是將化學原子連結成分子式（例如：H-O-H），則呈現了「標誌和符號模型」；而遊戲中的圖板描述了細胞的樣貌與大小，則是呈現了「尺度模型」。

團隊曾對數篇以知識學習桌遊的研究進行分析，在此分享結果與看法，提供讀者在進行模型化分析時的判斷思維。

1. 遊戲目標

以「數值」做為遊戲結束或勝負的判定時，若數值具有學科意義或概念內容，且含有解決性質的達成過程，則視為有呈現概念過程模型，有助知識上的學習。但若判定的數值或結束的條件，未具學科意義時，例如：單純地湊滿 10 點分數是贏家；或是手牌先出完的是贏家，這都沒有呈現類比模型。

遊戲目標是引導玩家走向勝利、最受玩家關注與刺激玩家思維的桌遊組成，相當重要，應盡可能地規劃與設計有學習用途的類比模型。

2. 回饋機制

回饋機制因為具有回饋性，因此多數的機制可以呈現概念過程模型（起因－效應）；而若機制是與地區占領、地區移動有關，則能反映地圖與圖表模型；另外，有分類功能的機制也能呈現概念間的異同

處，也屬於地圖與圖表模型；而具公式轉換的機制，則可視為數學模型。

　　特別要提的是「敘事（Story Telling）」的遊戲機制：讓玩家根據自己的想法來解釋和描述，則是呈現了「心智模型」；另外，也有與敘事機制結合的問答機制，設計者將模擬的問題或案例寫在問題卡上，玩家抽到時需提出看法和解釋，模擬的問題與案例則是呈現教學類比模型。然而，心智模型屬於學生個體的心智表現，而非具有教學導向的概念建構功能。若遊戲想要傳達議題的概念讓玩家學習，則使用「敘事」機制時需有較為客觀的回饋方式與結果；而且，應該在玩家在面臨需使用「心智模型」的遊戲事件前，有讓他們可以建構心智的機會。

　　回饋機制（遊戲機制）的功能是在協助玩家了解遊戲世界，並且得以預測和推導遊戲中的回饋關係，也是觸發學習的重要因子。我們建議在議題桌遊的設計中，都應在機制設計上呈現適當地模型，來協助學生學習建構知識、建立系統。

3. 實體配件

　　卡牌是遊戲最常運用到的配件，用來呈現遊戲內容，供玩家操作。因為卡牌和圖板可容納一定量的資訊，因此可呈現標誌符號模型、圖表模型、概念過程模型等。指示物則因為可容資訊量少，僅能呈現尺度模型或標誌符號模型。實體配件是表現遊戲運作與讓玩家操作遊戲組件的具像化物件，是必要的存在，在桌遊的設計中，都盡可能地配合回饋機制來呈現模型。

分析總結：模型化的要點

模型化是用來檢視與設計遊戲細部運作的參考依據，我們應該透過遊戲目標、回饋機制與配件的設計，適當地呈現議題中的各個內容與概念的特性，讓玩家能在遊戲的過程中學習到適切的概念。我們建議，在模型化需配合模擬化的原則下，若要模擬議題的系統性與脈絡性，應該使用具回饋意義的模型（數學模型、概念過程模型、模擬）；而若是要模擬成分間的屬性與類別關係，則可使用呈現靜態、非回饋型的模型（地圖圖表模型、標誌符號模型、心智模型）。

桌上遊戲因為要讓玩家能自行操控和計算回饋，會將數值概略化，並將重要概念的回饋機制突顯，簡化其他機制運算；這樣的狀況與模型用在教學時的情況相同，使用類比模型而簡化或誇大部分屬性。因此，在模擬化與模型化的過程，要注意玩家可能會對於被桌遊簡化或概略化的部分，感到不解甚至有錯誤想法的可能性。也需要注意的是，用以概念建構的模型，具有有效性和限制性。例如：我們在圖板繪製細胞構造，呈現尺度模型，玩家也將會認知到外觀結構，但也意味著玩家不可能透過尺度模型學會數學公式。因此，每個做為學習用的桌遊，僅適合用來學習預期傳達的學習內容，不宜過度運用至其他知識的學習。

用模型化來檢測與設計遊戲的議題概念

在模擬化與模式化時，我們會建構好遊戲情境與事件，也已安排好遊戲目標與回饋機制，此時，應同步進行模型化，這分有三個分析

步驟和重點：遊戲目標與模型、概念特性與模型、回饋機制與模型。
步驟如圖。

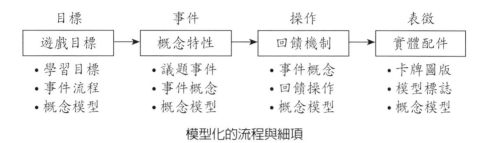

目標	事件	操作	表徵
遊戲目標	概念特性	回饋機制	實體配件
• 學習目標	• 議題事件	• 事件概念	• 卡牌圖版
• 事件流程	• 事件概念	• 回饋操作	• 模型標誌
• 概念模型	• 概念模型	• 概念模型	• 概念模型

模型化的流程與細項

我們以「藍晶方舟」做爲例子。

1. 遊戲目標與模型

遊戲目標的分析重點在於，它是否滿足學習的目標、議題的意義，以及配合目標的事件流程是否有相對應的模型。藍晶方舟的學習內容是「水資源永續之措施」，玩家各自扮演供給的角色（政府）以及需求的角色（農牧、工科、公會）；而 (1) 遊戲的目標是獲得綜合積分（金錢、水資源、民心），此目標符合議題意義（資源與社會）；(2) 遊戲情境安排了環境、供給、需求、影響，此情境能反映水資源供需之過程和水資源永續之措施，並且此過程能達到遊戲目標，因此具有「可用水—供需—永續」的「概念過程」模型。

2. 概念特性與模型

此步驟在分析流程中的各個事件的概念，並依其概念特性規劃對應的模型。藍晶方舟的主題，分有三個內容：水資源之衝擊、水資源

之供給、水資源之需求。因此，我們在模型化的時候，(1) 判斷水資源之衝擊的事件「天氣→可用水」具回饋效果的過程，是為「概念過程」模型；而水資源之供給與需求部分，兩方的行為都會對水資源有複雜的影響，屬於「模擬」模型。(2) 供給方（政府）的經濟制度有水價和稅金，為水量、金錢、稅金間的數值計算，為「數學」模型。(3) 需求方的農牧生產，可依種類分有農作（蔬菜、水果、稻穀等）和畜牧（豬、牛、雞等），具有分類的意涵，是「地圖、圖表與表格」模型，此外這部分還可以用水足跡來分類（蔬菜、稻穀的水足跡皆為低水足跡，而豬、牛皆為高水足跡）。另外，農牧產品、工科產品之外表包含顏色、外部形狀和結構，應用「尺度」模型來呈現。

3. 回饋機制與模型

　　回饋機制的分析重點在於，遊戲中的回饋操作所對應的模型，是否與議題事件的模型相符，以及遊戲中的內容是否與議題相配合。配合概念特性，藍晶方舟的核心機制是抽牌、手牌管理、交易、繪製。(1) 我們採用抽牌機制，來呈現「水資源之衝擊」的「概念過程」模型；供給方與產業方則透過手牌管理與交易，呈現「水資源之供給與需求」的「模擬」模型。遊戲還設定了一個結算機制：如果可用水不夠了，需求方做不了滿足臺灣人民需求的行為，則將會持續減少民心，進而分數下降，此設計呈現了「水資源永續之重要」、「水資源供需要平衡」的概念，也是「模擬」模型。(2) 使用繪製來讓政府制定價錢，在遊戲中收取相應公式的金錢總價，呈現「數學」模型。(3) 實體配件的部分，每張產品卡畫出各個農牧產品、工科產品的外表，

用以呈現「尺度」模型；也標有類別、水足跡高低，來表現分類的意涵。

小結

　　模型化的目的是，確保玩家在達成目標、操控回饋機制時，也如同操作對應的類比模型，進而學會知識與概念。因為桌遊機制的外顯性再加上操控的反覆性，使得桌遊具有輔助學習的效用；也正是如此，在設計回饋機制時也就要更慎重地安排，這也是我們為什麼會提出和強調「模型化」。

　　也正是如此，如果了解越多回饋機制（遊戲機制）、越清楚機制的操控，設計的資料庫就越大，也就越能在模擬化、模型化的時候，設計出能呈現模型的回饋機制。因此，我們鼓勵讀者多玩且應該多玩不同機制類型的桌遊。

　　值得注意的是，機制的操控流暢感也相當重要，太詳盡的模擬化或太精確的模型化，可能會造成操作的繁瑣，因此不用完全模擬出回饋過程或概念模型；但無論如何，都應不能超出常理和邏輯。

四、模板化

什麼是模板化（Mold）？

　　在謝爾的「遊戲設計的藝術」著作中，四個元素之一即是美學，它讓玩家透過感官在遊戲中體驗遊戲情境，因此，美術是遊戲很重要

的一部分。就桌上遊戲而言，可以分成兩個點來談，分別是視覺呈現和資訊傳達。

第一個點是視覺呈現，對玩家來說，在尚未玩遊戲之前，美術會是他們對這個遊戲的第一印象，影響著玩家對遊戲的評價。美術相當重要而且應該細緻，已經是另一個專業；而在本書，我們主要是引導讀者了解議題桌遊的內涵並進行設計，不是以設計商業產品為主，因此不會過度探討和要求讀者在遊戲美術的專精。但仍需注意在插畫與介面的繪製上，至少要清楚、可辨識地、不過於混雜的，讓玩家可以欣賞。

第二點是遊戲資訊的傳達，桌遊的特色在於實體配件，因此遊戲設計師除了會透過遊戲規則來呈現遊戲主題和環境資訊外，也會透過卡牌、圖板等配件，將遊戲資訊透過插畫與介面來呈現。因此，怎麼將遊戲的主題以及資訊，透過這些實體配件來傳達遊戲資訊，是一個非常重要的過程。像璀璨寶石（Splendor）這款桌遊中，玩家可以透過卡片上的插畫，很快地辨識出寶石的階級；也能清楚理解哪裡的圖示是成本，哪個是收益。

為了達成上述兩個要點，這邊分享一個設計思維的模式，也是我們在做遊戲美術常用的公式，稱之為模板化；模板化的好處在於它可以有效率地幫助設計師規劃配件的排版，以及遊戲配件的產出，讓玩家在閱讀配件的時候，可以清楚地辨識圖樣、理解提供的配件資訊。

視覺動線與模板化的步驟

在此節以遊戲卡牌作範例，一般而言，我們人的視覺動線會呈現 Z 字形，參考下圖。

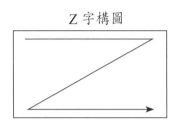

Z 字構圖

模板化的流程如圖。

模板化的流程與細項

設計時，我們會先將卡牌分成幾個區塊，然後安排遊戲中的各項資訊，例如：卡牌名稱、類別、屬性、成本、插圖、效果功能、情境描述等。這些資訊反映著遊戲世界中的各項環境物件及其特性，以及物件間的關係。然後，依據視覺的動線將這些資訊擺放上去，擺放的原則通常會配合回饋機制和操作過程，例如：屬於「輸入」的資訊，或是用來判斷執行的條件，會放在動線較前面的位置；而屬於

「輸出」的資訊，或是常駐效果／屬性，則放在較後面的動線上。這可以讓卡牌在視覺的呈現上，讓玩家感到整潔、不凌亂，也能依循動線理解遊戲的架構；同理，圖板也可以這樣繪製。另外補充說明，我們也可以是安排「成本－效果－插圖」的版面，把效果描述放在插圖之上，通常是因為卡牌會被長期放在桌上觸發效果，為了節省桌面空間、卡牌堆疊、顯現卡牌效果而有的設計。

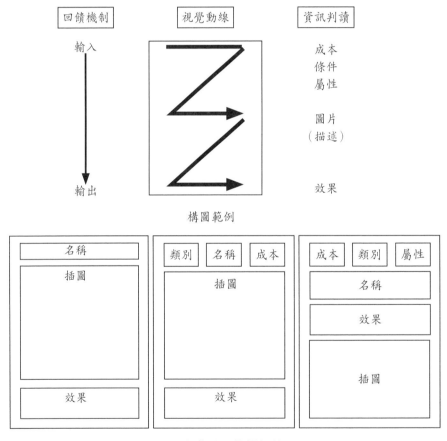

構圖範例

議題桌遊的配件模板化

　　依據視覺動線放置卡牌的資訊類別後，我們也能使用不同的顏色作爲底色，來區分卡片種類的不同；或用不同的圖示標定屬性，幫助玩家更快速地做分類。在確定類別後，最後，就是爲這些卡牌放入插圖，以及遊戲中的確切數值或能力。插圖的部分，簡單清晰明瞭即可，如果是非商業行爲，我們建議可以使用網路上的 CC 素材網站，幫助讀者們省去畫圖的時間，也讓桌遊有精美的插圖。

　　桌遊的配件在於呈現遊戲情境，即是在遊戲世界中，可被角色感受的內容、建構環境的物件；此外，也是供玩家可以實際操作遊戲環境中的物件、行爲的表徵。因此，卡牌的數值和能力應該配合議題情境，也依循議題系統中的關係和成分來置入，以確保遊戲卡牌代表的環境物件有呈現設計者建構好的世界觀。世界觀代表著遊戲世界中既有的物件，以及物件間的互動，因此在規劃各卡牌能力時，可思考以下幾點：對特定數值或指標的影響、對特定物件或成分的影響、對特定物件或成分的影響、對特定他人或角色的影響、對遊戲操作或規則的影響。

　　模板化提供設計者能快速地進行配件的建置，但這也會降低設計者在美術介面上的彈性和原創性；如果有想要發揮創意的讀者們，可以依據自身美學做設計，不要完全的被模板化綁住你的創意。

桌遊配件反映了遊戲世界的環境

五、實戰：議題系統的設計

Mission：**換你做做看**

在此節，將帶著大家依循模式化的要點進行設計，完成「議題桌遊設計實戰任務單」！議題的主題，可以拿模擬化改作所挑選的議題來進行；設計的過程則可參考前面小節中，藍晶方舟的例子。

1.任務目標

預計完成四項：

(1)設定議題資訊：學習對象、學習主題。

(2)繪製議題系統：成分（因果成分、項目成分、細項成分）、成分關係與議題事件。

(3)規劃規則結構：情境設置（遊戲背景、扮演角色）、遊戲目標（勝利目標、回合過程）。

(4)安排機制組成：機制運作、配件表徵。

2.設計指引

(1)設定議題資訊（Content of Learning）：在此項目寫下此桌遊的遊玩對象，以及要傳達的學習主題，建議議題的主題不要太龐大。

議題資訊	對象：　　　　　　　學習主題：
	議題驅力。欲解決的危機／問題：

(2)繪製議題系統（System of Issue）：此項目繪製議題的系統、成分與關係，請在虛線上畫上箭頭來連結成分間的關係。

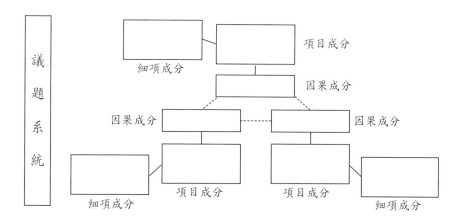

(3)規劃規則結構（Structure of Rule）：繪製完議題系統後，進行模擬化：分析議題事件、安排遊戲事件與遊戲階段；進行模型化：

確認遊戲目標與角色有呈現議題的概念特性，且目標的達成即為問題的解決。遊戲目標需寫出結束條件和勝負判定；然後，串聯目標、角色與情境，為自己的遊戲說一段背景故事。

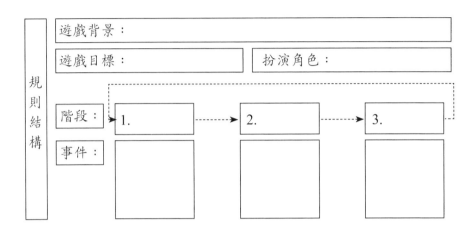

(4) 安排機制組成（Component of Mechanisms）：機制組成是利用具體的操作回饋「輸入→動作→輸出」來形塑遊戲事件和議題特性，包含：將系統的成分轉換成遊戲的物件單元、透過模型化讓回饋機制呈現概念建構類比模型、安排配件來處理回饋機制。然後，依循模板化，繪製卡牌配件。

3. 任務完成

如果你完成了模式化的紙上規劃後，可以嘗試準備名片大小的白色紙卡，將安排好的卡牌繪製上去，然後進行遊戲測試；測試此份任務單是否可以完整的進行一回合，以及是否能明確地指示出遊戲目標。如果測試中有問題，還請立刻修正任務單上對應的內容，有助於

在模式化設計的精緻與熟練。

　　當然，做為議題桌遊，除了測試遊戲的完整性，還要確認遊戲是否能回應最初的學習目標，這是身為設計者在自我測試，時應該要做的事。

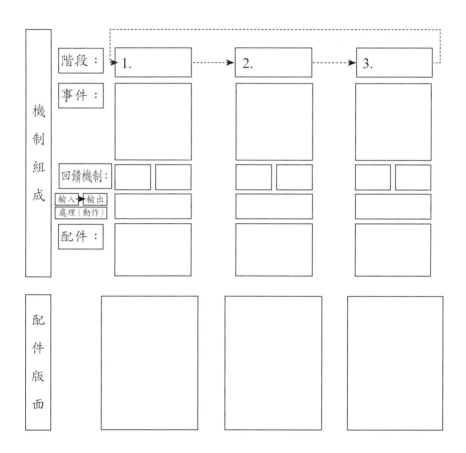

設計之後……

　　本節是讓大家能理解議題桌遊的設計模式，我們可以藉由模擬化、模式化和模型化，依循學習的目的，分析議題系統與脈絡，並建構桌遊的組成與架構，來呈現議題的內涵，培養玩家的議題涵養。

　　當然，議題的涵養不只是有對脈絡的理解，還有態度與價值觀的觸發、行為與企圖的養成；這些也應該在桌遊中激使參與者促發，因此模式化的過程需考量這些涵養。此外，桌遊不僅是能用卡牌或一般制式設計，還能透過科技或擴展設計來提高學習成效。這些都會在下一章提到。

第五章 從 70 到 85：議題桌遊與它們的 Extension

前一章「議題桌遊與它們的 Design」說明了六模化中的模型化與模式化，希望能幫助讀者建立完整的議題脈絡與遊戲結構，從而促使玩家在遊戲中能體認、並融入議題。

在本章，我們將說明如何再依循模式化來設計出有效提升玩家議題相關態度與行為的擴展設計與策略（Extension）。所謂議題相關的行為與態度，包括對議題正向態度的觸發、啟動議題相關行動的意願。本章也將提供，如何透過議題桌遊機制的規劃，提升學習成效。例如：科技的介入、遊戲組成的強化。

我們建議在閱讀此章時，聚焦思考：我期望遊戲觸發何種態度、價值觀和行為？

一、議題內涵與遊戲擴展

議題桌遊的學習內涵

當我們理解議題的系統與脈絡之後，設計桌遊的下一步是什麼呢？

我們都知道，燃燒化石燃料過程中產生的二氧化碳，可能會加

劇全球暖化、衝擊環境；也都知道做好回收、重複利用，有助於減少
垃圾產生；我們也知道如果要維持身體健康，應該要做好適當的生活
和飲食習慣。然而，真的要在日常生活中身體力行資源回收與健康飲
食，似乎不是這麼容易。我們似乎總在不經意間忘了攜帶免洗餐具、
也總是容易被香氣滿溢、或高熱量的垃圾食物所吸引。所以說，知易
行難，正是說明要啟動行動，是一件不容易的事。

　　我們更常常被當下所能獲得的便利或欲望所左右，選擇近利的
作為；又或是感到議題涉及層面太廣，似乎這些問題也與自己無關，
是別人家的事，因此選擇不作為。身處資訊與科技發達的世代，在議
題內容的了解相當便利迅速，但在覺知個人對議題的立場、對他人的
同理心、對群體的情感，卻難以隨著智識上升，更何況是相應的具體
行動。因此，「無法覺知議題內容」、「無法理解行為後的結果」、
「認為無法做到」、「抉擇易受自我利益控制」、「所學難以運用
在現實」，這些都是在教育現場以及調查研究中常常發生／發現的狀
況，也是推動議題教育時需要注意到的學生狀態。這提示了我們議題
桌遊的學習內涵將不僅是傳達議題的脈絡，也要關注個人在議題態度
與行為的培養。

　　在接下來的小節中，我們統整了議題桌遊可呈現的學習內涵（概
念、態度、認知能力），也分享幾個備受關注的議題供讀者參考。無
論您已經有了想投入的議題，但還未深思確切的學習內涵；抑或想涉
獵更多議題，可以從本節中獲得想要的資訊。

1. 議題相關的學習內涵

(1) 概念學習：透過桌遊，我們期待玩家學習到那些概念呢？議題主題的認知、議題情境的理解；議題系統、成分與關係之相關概念；議題處理之因應知識與程序知識；族群、人類與環境的平等與平衡問題；權力、機會與資源分配之問題。

(2) 議題態度：議題的興趣與覺知；議題本質的思考與探究之習慣；對他人、社會與自然環境的尊重與責任；關懷他人、族群、物種與環境之價值；公平、公正、公利及正義之價值。

(3) 議題行為：主動察覺議題問題的成因；針對議題之問題規劃與執行解決方法；議題系統的討論與互動、議題處理的實踐；實踐永續發展、改變社會不公的行動力；促進人類發展的反思、精進與決策能力。

選擇一個你最感興趣的議題吧

2. 教育部十二年國教十九項議題

　　為了讓臺灣學生能夠因應未來社會發展之所需，教育部於十二年國民基本教育中，以核心素養作為課程發展的主軸，並將議題融入各領域，豐富與促進核心素養的培養。十九項議題如下：

(1) 性別平等：性別的多樣性、性別平等的價值、多元性別差異。

(2) 人權：人權存在的事實與價值、尊重與實踐人權。

(3) 環境：人類發展、環境危機與挑戰、社會正義和環境正義、永續。

(4) 海洋：海洋科學與永續海洋資源、海洋社會、海洋休閒與安全。

(5) 品德：道德發展與判斷、尊重人性、自律負責、倫理價值。

(6) 生命：生命根本、生命意義與目的、生命價值。

(7) 法治：法律與法治、人權保障、公平正義、法治價值的行為。

(8) 科技：設計與動手實做、批判科技與使用科技產品的行為。

(9) 資訊：運用資訊與運算思維、資訊社會公民態度與責任感。

(10) 能源：能源基本概念與影響、能源意識正確能源價值觀。

(11) 安全：防範事故傷害與自我安全、居安思危與安全意識和行動。

(12) 防災：災害風險管理、災害防救、防救行動、防救態度與責任感。

(13) 生涯規劃：生涯規劃、趨勢洞察、生涯應變。

(14) 家庭：幸福與健康家庭之經營、家庭活動的責任感與態度。

(15) 閱讀素養：多元閱讀、文本思考和知識建構、閱讀態度。

(16) 戶外：永續發展、實境學習、學科和環境和人之間的思考與批判。

(17) 多元文化：文化的豐富與多樣性、多元文化價值、尊重差異。

(18) 國際：全球重要議題、個人國家責任、全球意識、全球公民責任。

(19) 原住民族：歷史文化與價值、跨族群了解與尊重、族群共榮。

3. 國研院 14 大類社會議題

與 2019 年，我國國家實驗研究院科技政策研究與資訊中心廣泛地蒐整民眾可能關心的社會課題，並進行類別的分析，建立了 14 大類共 79 小類的課題，能更全面地了解我國民眾關注的社會課題範圍。如下：

(1) 環境：生態環境、大氣、水域、土地及土壤、資源回收、廢棄物及有害物質。

(2) 災害：風災、水災、地質災害、氣候災害、災害因應。

(3) 資源：水資源、農業資源、森林資源、漁業資源、海底資源、礦物資源。

(4) 能源：能源供給、核能、替代與再生能源、電力與電網、節省用電。

(5) 糧食：糧食生產、市場供需、食品安全、食品管理、食物浪費。

(6) 政治：政府效能政策溝通、政黨與選舉、民主深化、司法制度、國防外交、兩岸關係。

(7) 國際政治與經貿：國際政治、軍事衝突、人口移動、世界經濟、跨國企業。

(8) 經濟與產業：生產力成長與發展、賦稅金融環境、產業結構調整、企業經營管理、知識與品牌保護。

(9) 勞動權益與薪資：勞動條件、勞動力質量、就業機會、勞資關係、職場環境。

(10) 教育：家庭教育、國民教育、高等教育、社會教育、教學創新、就業競爭力。

(11) 社會：文化保存、治安維護、道德爭論、人權保障、宗教信仰、媒體素養。

(12) 人口：人口動態、社會關係、原住民保護、弱勢者保護。

(13) 健康：傳染病防治、心理健康、醫療品質、整合照護、預防保健、醫療保險。

(14) 城鄉建設：土地使用、住宅供給、交通運輸、公共休憩空閒、水電設施、網路通訊設施、無障礙環境、廢棄物清運處理、環境災害監測、殯葬設施管理。

4. 聯合國十七項永續發展目標

　　永續發展目標（Sustainable Development Goals, SDGs）是聯合國的一系列目標，於 2016 年開始導入至全球世界，期望各國政府、機構、組織都共同致力於這些目標，甚至納入國家法律體系。十七項目標如下，節自臺灣永續發展目標教育手冊：

(1) 消除貧窮：消除全世界任何形式的貧窮。

(2) 消除飢餓：消除飢餓、實現糧食安全，改善營養攝取和促進永續農業。

(3) 良好健康與福祉：確保健康的生活、促進各年齡階段人口的福祉。

(4) 優質教育：確保包容和公平的優質教育，讓全民享有終身學習的

機會。

(5) 性別平等：實現性別平等，增強所有婦女和女童的權能「比例」。

(6) 潔淨水與衛生：為所有人提供水和環境衛生，並對其進行永續維護管理。

(7) 可負擔的潔淨能源：確保所有人獲得可負擔、安全和永續的現代能源。

(8) 尊嚴就業與經濟發展：促進持久、包容性和永續的經濟成長，充分的生產性就業和所有人獲得體面的工作。

(9) 產業創新與基礎設施：建設具有韌性的基礎設施，促進包容性和永續的工業化，推動創新。

(10) 減少不平等：減少國家內部和國家之間的不平等。

(11) 永續城市與社區：建設包容、安全、有抵禦災害能力和永續的城市和人類社區。

(12) 負責任的消費與生產：確保用永續的消費及生產模式。

(13) 氣候行動：採取緊急行動應對氣候變遷及其影響。

(14) 水下生命：保護永續利用海洋和海洋資源促進永續發展。

(15) 陸域生命保護：保護、恢復和促進促進陸域生態系統永續利用。維護森林防治荒漠化，制止並扭轉土地退化，以及遏止生物多樣性的喪失。

(16) 和平正義與有利的制度：倡建和平、包容的社會以促進永續發展，讓所有人都能訴諸司法，在各級建立有效、負責和包容的機構。

(17) 夥伴關係：強行執行手段，重振全球永續發展夥伴關係。

議題桌遊的擴展思維

　　議題桌遊的存在目標，應是能協助參與者建構議題的知識系統，培養對議題的態度與價值觀，並訓練面對議題的因應能力與行動。在本書前半段，已說明議題桌遊如何藉由模擬化與模型化，來呈現議題系統，促使學習者理解議題脈絡，確保概念的學習；在此節，將說明在設計上如何能觸發學習者的態度與行為。

　　我們先回顧前章的設計。在議題的內涵上僅是系統的理解，並不涉及自我態度的觸發。例如：在第四章中，我們舉了「藍晶方舟」桌由作為案例，本遊戲是以可用水的支配作為遊戲目標，讓玩家理解影響可用水的各種因素，進而透過遊戲策略來維持或增加可用水。但當思及如何培養玩家的態度時，玩家在遊戲中認知到可用水是重要的，很可能是受到「遊戲勝利條件」所驅使，而非「自覺到可用水的重要性」。

　　「對啊，我在遊戲中儲存水，是為了要獲得分數贏得遊戲；但我其實不知道儲存水在現實生活中有多重要？影響有多大？沒有水會怎麼樣？」

　　如果是將想要傳達的重要概念，直接作為遊戲的勝利條件，那這可能會由於缺乏「自我反思」，難以覺察和產生對水資源的真實態度，無法體認水資源的重要性，並將此態度遷移至生活中。

　　為了讓議題學習對參與者能產生長期的影響，並促發其養成積極的態度與作為，讓參與者在活動過程中能有所自覺特定因素在系統環

境的重要性而行動，是相當重要的。因此，「促發自覺」會是以學習為目的的議題桌遊，應該設計的部分。在設計思維上，除了需要建構與目標議題相關的與概念系統，幫助參與者能覺知問的存在、探索議題的脈絡和重要成分；遊戲中也應提供幫助玩家能發掘不同的觀點的機會，讓玩家能自主設立目標、確認目的與規劃行動；也給予面對議題決策的自由（例如：運用水資源的自由），並使其承擔決策後的結果，提供修正與再次決策的機會。

在此節，我們將以「藍晶方舟」桌遊為例，透過「計畫行為理論」、「行為目的論」等動機行為理論來闡述議題桌遊在促發議題態度與行為的設計。

核心思維：議題情境與系統

對我們團隊而言，議題桌遊是用來探討立場和人性的，更甚於單純的正向宣導或負向懲罰。因為現實社會就是這樣，每個族群都會有其立場、價值觀與行為，這造就了我們多樣化的社會，以及議題的討論性。議題桌遊旨在呈現擬真的環境，當在分析議題系統時，需要從族群的角度去「同理」他們各種可能的考量因素與行動策略，然後做為在遊戲中的事件和物件；尤其是「自我欲望」這件事，我們要去面對它、處理它，然後希望能放下它，而不是忽略它或否定它。

因此，在開始闡述各行為理論和擴展設計之前，要再提醒的是，所有的設計都是圍繞在議題素養的觸發，這相當依賴遊戲中的情境營造與回饋反思，而這些設定都奠基於議題系統、成分與回饋關

係。為了能符合需求，我們將議題系統改寫成如下圖，是藍晶方舟的最終版運作系統，粗體字則是基於用水需求方的「欲望與公眾」核心系統。

　　這個系統是需求方行為會影響金錢收入、剩餘可用水和全民健康，而可用水會影響健康進而影響到金錢收入和人力。這營造了以下的可能情境：如果需求方過於關注金錢，可能最後導致全民健康受損、甚至反應到金錢收入；如果只關注剩餘可用水可能會致使金錢收入有限，也影響了人力來源和可做的行為。遊戲中的核心回饋是需求方行為會對金錢收入和剩餘可用水這兩個成分有接近相對的回饋結果（例如：金錢收入多，剩餘可用水會少），而玩家的反思是基於整個系統的回饋而觸發。

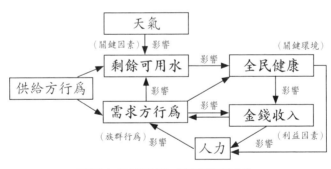

藍晶方舟的系統（粗體為核心）

擴展：議題桌遊的行為驅動：基於計畫行為

　　計畫行為理論（Theory of Planned Behavior, TPB）是由社會心理學家阿耶茲（Icek Ajzen）所提出的行為決策模型，由理性行為理論

所演進而來。TPB 指出，行為是被個人的行為意圖所決定。而行為意圖則受到對行為的態度、行為主觀規範與認知行為控制等影響；此外，三者也分別會受行為信念、規範信念與控制信念影響，而信念是指個人判斷和選擇事物真偽的思想和意識。

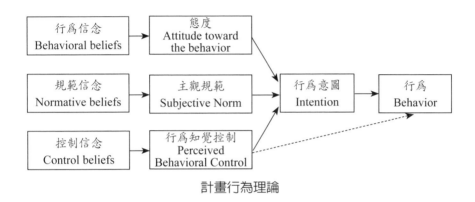

計畫行為理論

1. 行為意圖（Intention）

是指個人想從事某行為的程度，是當我們在選擇行為、決定行為的過程中，對於該行為的心理強度；心理強度越強，越容易執行行為。此因素可解釋及預測個人的實際行為表現。例如：我傾向去省水（意圖），會促使我產生省水行為。

2. 態度（Attitude）

是指個人對特定事物的反應程度，當我們對特定行為抱持越正向的態度，行為意圖會越高；相對的，越負向則行為意圖會越低。我們的態度受到行為信念（Behavioral beliefs）所調控，換句話說，當我

們對一個行為的耗用成本和獲得結果所持有的正面或負面評價，將會影響到我們對這個行為的態度。

行為信念可能不僅是對行為本身的評價，還包括關聯於行為中的對象、事物或某些屬性、特徵。例如：錢可以買到東西（行為信念—正面評價），讓我喜歡錢（態度），會讓我傾向去賺錢（意圖）。

3. 主觀規範（Subjective norm）

是指個人在採取某一項特定行為時，所感受到的社會壓力。社會壓力是指個人所認定的重要他人或團體所給予的壓力；當壓力越大、主觀規範越強烈，越容易促使個人產生執行的行為意圖。

主觀規範決定於規範信念（Normative beliefs），即個人對每個個體或群體的意見是否信任，或是否會要遵循該對象的動機。例如：我很重視的朋友希望我可以節省用水（規範信念），這樣的信念將會導致我們產生節省用水行為傾向（意圖）。

4. 行為知覺控制（Perceived behavioral control）

是指從事特定行為時，個人對於自己產生該行為所需資源與機會的控制能力。這些資源包含了個人可掌控的因素（欲望、意願），以及無法掌控的必要因素（時間、金錢、能力、資源等）；此外，還有自我效能評估，即是指對自己能否完成該行為的認知、對個人可利用資源的易得性與阻礙程度。這些意思是指，即使很想從事某個行為時，但缺乏金錢或時間，或自認為自己無法做到時，會降低執行此行為的意圖，甚至直接影響行為的實際執行與否。

　　控制信念（Control beliefs）是指個人因為過去的行為經驗或朋友分享的經歷所產生評估自己執行特定行為難度的覺知，進而對行為知覺控制有所影響。例如：就以往的經驗，我認為省水不難，自己可以做到（控制信念），而我可以掌控省水的方法和時機（行為知覺控制），會讓我傾向去省水（意圖）。

5. 計畫行為理論與議題桌遊

　　看待議題的想法和處理方式涉及個人主觀意識與行為，從計畫行為理論來看，議題桌遊應該要提供讓每個人都能依自我態度、主觀規範、行為知覺控制來決定行為的空間，而不是限制他們只能做特定或已規劃好的行為。更確切地說，如果讓參與者能「依自我喜好」、「依群體關係」、「依個人經驗」來「自主執行」各類的行為，並有「獲得」和「比較」的機會，這樣的環境讓他們能從各類行為中自我評價行為成效與態度、覺知與他人關係及看法、獲得控制經驗與效能評估。而議題桌遊模擬了現實情境，因此將有可能促使參與者在生活中面臨相似情境時，可以從遊戲的經驗來做為行為判斷。

　　基於此，我們認為議題桌遊應該提供明確的目標，以及玩家能夠依循目標規劃達成問題或解決目標的策略與行為。同時，在設計遊戲之前，應該透過訪談或評量工具，了解個人可能採取的各種策略，融入遊戲的設計中。這除了能讓遊戲更貼近現實經驗外，還提供玩家可以依自身想法選擇行動的機會，從而獲得行動後的回饋和經驗。此外，遊戲中也應該設定玩家或角色的具體定位，並有具互動性的事件，供玩家探討、處理群體關係，讓參與者感知自己與他人的關係和

看法。玩家在遊戲中的實際經驗，將有機會覺知個人對特定行為的態度、主觀規範與行為知覺控制；更進一步地，在遊戲中體驗和獲得各類自主決策下的經驗，也能觸發個人對於行為企圖或表現的思考。

　　為了透過桌遊讓參與者覺知特定行為和獲得經驗，在桌遊的設計中，我們還需要了解玩家在遊戲中的行為：執行某個行為是有特定目的嗎？我們將在下一節討論。

擴展：議題桌遊的目的驅動：基於目的論

　　人的行為具有目的性與目標導向性，在一個事件下，個人的行為產生的契機，不是來自於「原因」，而是由於「目的」。例如：你打我，我選擇打回去不是因為單純心情不高興，而是讓你知道我不高興、或者是為了發洩個人情緒；有些人可能在被打後不是選擇打回去，而是用哭來達到上述目的。

　　這種行為表現的脈絡，便是阿德勒個體心理學中的行為目的論。讀者也可以回顧一下過去自己在執行特定的行為時，是否是基於特定目的的。

1. 行為目的論的觀點

　　目的論的觀點之一，是認為人類會自己設定目標，並主動追求「目標」，同時，有追求成功地解決問題的傾向；而個體將會經由對自己與對他人的環境互動，以及個人的成功經驗，創造屬於自己的行為，來達成目的。

　　換句話說，人在心裡會先決定好目的，然後會從過往的記憶與經

驗中，尋找和選擇能達成目的／成功的具體材料，包括口氣、用詞、動作、表情等外顯的表現和行為。例如：過往經驗告訴我講話大聲會引人注意、聆聽我說話；因此，當我在交涉水價和稅金時，如果想要讓人聽我說話（目的），我會選擇用大聲的說話方式（行為）。

2. 行為目的與行為脈絡

　　目的論讓我們理解人的行為受目的驅使，因此，人的生活方式、行為方式、找到一個立場的方式，都多少與目標的設定有關。而這些方式的具體表現，是在與他人、社會、自然互動的脈絡下所行動，並非完全排除外在影響的表現。

　　基於此，當個人決定目的後，個體的行為企圖，都是為了眼前的目標所做的準備；而欲採取行為之選擇與判斷的依準，與採取行為是否能成功有關（預期判斷），還有來自個人態度（對行為經驗的意義與評價）、主觀規範（與他人／社會關係）、行為知覺控制（個人意向與有效控制經驗）。

3. 行為目的與議題和社會

　　運用目的論在議題的學習，提供了一個觀點，那就是幫助我們思考目標設定與行為如何轉變。舉個例子，在目的論中，認為個體的行為並非簡單地刺激就能改變，那是因為心裡已經做好「不改變」的決定；會決定不改變（行為）是因為「安於現狀比較輕鬆（目的）」，也比較「不用面對風險（目的）」。安於現狀意味著一般人會傾向於維持自身與他人、社會、自然的關係的現狀，這可能會使得議題的發

展與改變，窒礙難行。那怎麼辦呢？這需要促發個人的「社會興趣（social interest）」和「社群情感」。

在桌遊中，為了能促使個體投入與社會互動有關的討論與行為，我們可以參考個體心理學，提出讓玩家發展出對個人有用的「社會興趣（social interest）」，進而影響他們在遊戲中的目標設定。社會興趣是個體感知到自己歸屬於團體或社群，因而產生相對應的社會行為，這些社會行為包括了社交互動、同理、關懷、服務等。這樣的行為會在與他人合作中表達出來。當個體發現自己有能力為他人或社會付出，就可以從貢獻中獲得歸屬感，促發社會興趣。例如：一個影響臺灣全體的突發事故發生了，需要大家支援，個人付出錢或付出勞力得以有貢獻感，而和他人的合作會找到歸屬感，促發社會興趣，之後就會傾向與他人合作和付出。

與個人設定目標與行為有關的還有「社群情感」。當社會互動趨於和緩良善，個人將帶有強烈的社群情感，能讓個體朝特定目標實施行動，以成就大我的方式完成眼前的任務。議題的處理攸關社會發展，讓參與具有社會興趣和社群情感，也是議題教育的重點；因此如何妥善規劃學習情境，從而觸發議題態度進而促進行為，值得思考。

4. 行為目的與議題桌遊

個體心理學另一個重要的想法是，它認為遊戲能反映個人心理，特別是支配與掌控欲、為人生做準備、社群情感等等。上述的情感也恰為我們讓學生投入在社會議題情境、在學習歷程中經常會引導學生反思的重點（即自發、互動、共好）。在桌遊的設計中，我們可

以透過開放、可選擇的行動環境設計，幫助玩家在遊戲中能自我準備和控制事物的機會；也可以透過各種競爭與合作事件，促發玩家間互動，協助玩家覺知到自我價值、實踐社群情感。

　　因此，議題桌遊的設計，在提供玩家能「自我選擇」、「自主行動」、「嘗試改變」的事件與環境相當重要。玩家能制定自我目標、能建立個人思維脈絡、能實現個人目的導向的行為的環境，並將有效行為轉換成自身經驗。這可以觸發參與者在個人對議題目的的覺察，以及達到目的的有效行為的建構與反思。

整合：議題桌遊的關鍵事件與環境

　　議題桌遊的重要目標，除了協助參與者建構議題的相關概念脈絡，亦包括了議題態度與價值觀的促發，以及議題能力與行動的培養。基於計畫行為理論與行為目的論，個人態度、行動經驗、社會關係，是決定我們是否會發生特定行動的重要因素。因此，桌遊的擴展應聚焦在提供「個人目標」和「個人行為」以及「和他人關係」的「覺知」、「實踐」與「反思」的機會；具體來說，就是指要有察覺社會現象、探索與體驗、討論與對話、思考與行動、解決情境問題等設計。這些設計可以透過下列四個方式來達成：遊戲角色與目標、遊戲情境與事件、行為回饋、玩家互動的設計。

1. 遊戲角色與目標

　　此項設計在讓玩家能在遊戲中「為自己做準備」，並就目的而行動。

(1) 角色屬性：透過玩家扮演的角色的屬性，能協助玩家思考此角色在遊戲的議題情境中，體現個人價值的部分；除了理解該角色所處脈絡，若角色的屬性在任務的完成具有優勢，能因為較高的成功可能性，增加玩家參與任務、實施行動的意願。

(2) 多屬性目標：我們建議遊戲可具有相等層級的多屬性目標，提供玩家選擇個人目標的機會。(i) 多屬性是指議題系統中的多個因果成分，遊戲的勝利並不是由唯一的條件所構成 (譬如金錢)，有多種的元素同時會被做為評斷遊戲獲勝的因素。這時候，玩家可以決定自己在遊戲中，會採取多重目標的提升，抑或是僅強化部分數值以達成勝利目標。例如，藍晶方舟的勝利會與金錢、水資源、人民健康有關，玩家可以選擇要以哪個項目獲勝；(ii) 相等層級是指，與玩家獲得的回饋、和因素對獲勝的權重，兩者的設定要相當接近。譬如，如果金錢和水資源兩者計算權重相等，但是金錢獲得的方式難度低，而水資源獲得的難度高，這樣的設計就不是理想的。又或者，兩者取得難度相近，但 1 單位的金錢在評斷獲勝時的權重，比 1 單位的水資源還高。

在桌遊中的角色扮演若能有意義的經驗到這些歷程，將可以培養參與者在面臨相似議題的情境中，例如：「藍晶方舟」桌遊的目標之一是「人民存活」，玩家在遊戲中可以覺察到，凡舉扮演政府處理水資源管理、扮演農牧或科技業生產食物或電器、公會的存在以協助人民，皆與個人和群體的生存有關。透過玩家的覺醒，將能從中認知自我價值。

建議設計：角色屬性差異、任務屬性分配；相等層級的多屬性目

標、同事件下的多可選目標。

2. 遊戲情境與事件

　　目標是賦予個人在遊戲的社會情境或玩家社群中的定位，使他有體現個人價值、發揮社群情感的機會。同時，遊戲應就玩家個人的價值觀與經驗，使玩家可自訂與轉變目標，以及調整行為、多次行動的機會。使他覺察自身之價值觀、目標與行為的關聯性，以及各類行為的有效性。可從兩部分著手：

(1)情境任務：社會分工是體現個人價值的方法之一；此外，當完成的任務與大眾利益、全體福祉有關，也會增強個人的社群情感，有助於其建立該社會環境的議題目標與行為；事件處理的過程同時將賦予玩家相關經歷的意義，亦提高了個人行為態度。而具有合作目標、需消耗資源進行的任務，透過玩家的覺醒與協商，將能從中提高自我價值，並傾向採取貢獻自我或與人合作的行為。

(2)目標行動的複合因素：除了提供玩家兩種（或以上）的目標選擇，於各個事件中，也應該提供可依各自目標實施各類行為的機會，讓玩家在遊戲中有自主目標設定與行為實施的經驗，而不限制可選擇和實施的行為。正如計畫行為理論所顯示的，行為的傾向與選擇來自於個人對數個條件下的立場、態度或判斷，也就是說，我們可以透過許多不同的途徑完成同一個目標，但不同的途徑將會對議題中的因子、扮演的角色、或玩家本身產生不同的影響，由玩家自行制定自身願意付出的、想要的、願意承擔損失的策略，這即是個體下的自主行為選擇與執行。

　　對於公眾利益議題的設計，也可運用多屬性目標與自主行為執行，例如：我們可以設定出有自利導向與公利導向的衝突情境，也可以設計同時對玩家與大眾都有影響的遊戲機制，促進遊戲參與者在遊戲中，因為自我利益與公共利益衝突之下，所引發的價值觀判斷以及自我反思。以「藍晶方舟」為例子，目標積分有個人金錢、個人水資源、全體人民健康，都可讓玩家自由選擇想在哪個面向累積分數、執行對應的行動。

　　又例如：在藍晶方舟，玩家可以依其想法選擇生產高耗水或低耗水的產品，或是執行可能會汙染水環境但對大眾有好處的行為等；而不是只能生產低耗水產品、不安排汙染事件、或只能選擇符合普世社會標準的行動。

　　建議設計：具合作性質的情境、與大眾或全體利益有關的任務、有明確分工的事件、稍具挑戰但不艱難的任務、關係與任務分配；同目標下的多可選行為、各類行為的多因素影響。

3.行為回饋

　　目的是提供個人獲得行為信念和行為控制的經驗。議題的一個內涵是個體在處理問題時的立場與思維；而問題解決的思維和回饋機制的運作在內涵是接近的，只是時序相反。例如：我們想要解決某一個問題，會先思考要達成或避免的狀況，然後依據個人經驗，思考和選擇需要實施的行為以及相對應的資源；而遊戲回饋機制的具體操作流程，則是先支付成本、實施行動，然後依據支付的成本和行動，得到對應的回饋結果。

　　因此，良好的回饋機制設計，應該讓玩家能在每次事件與行動中，「判斷」自身對該行為的態度、從各個皆可達成目標的行動下「選擇」當下認定之最佳策略、「獲得」行為後的各個影響、「比較」行為對於目標達成的有效性，讓他們能覺察自我行為成效（行為信念）、獲得控制經驗（控制信念）。這也牽涉兩個部分：

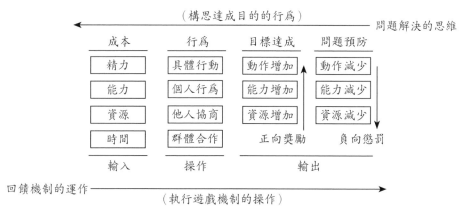

問題解決的思維與回饋機制的運作

(1)行為的回饋：為了讓玩家有機會和動力去選擇、比較個人設定的目標和行為，遊戲應設計各個行為在目標的達成，有其不同的優勢和劣勢、對各個因素的影響；此外，行為的結果不能有「過大差異的回饋」，以免過高的性價回饋讓玩家只選擇它；或是過低的性價回饋讓玩家不選擇它，這都無法在遊戲中形成多個「選項」。那，要在遊戲中提供怎樣的行為選項讓玩家抉擇呢？我們提供一個雙軸意義給大家參考。如圖，橫坐標是指越右邊的行為結果越偏向於自我利益，縱座標是指越上方的行為結果越偏向於危機風險。在兩軸座標繪製下，分有九個區域，各自代表行為的考量（即行為目的）。其中，A 我們用白目戲稱，就是指這個行

為結果沒有自我利益、又會觸發高危機風險，目的基本上傾向於不計後果和好處的搗亂；D、E、G、H則是治本考量的行為，就是目的和行為結果在於降低危機，且不顧慮個人利益；B、C、E、F則是自益考量，亦即在於獲得自身利益優先，而使得危機增加；I則是不可能會有，或是極低機率條件下才會發生的行為，因為如果面對某個議題，有自我利益高又不會有危機的行為可選擇的話，那通常在問題階段就得以解決，難以有「議論」而形成議題。基於此圖，議題行為大多就是在C、E、G中做抉擇，是各族群會依自身立場和目標而採取的行為傾向，也是各個族群間會議論、協商、談判的選項。進一步來說，C、E、G是最常見和設想到的行為選項，而人們會避開ABD選項，趨於找尋F、H選項。而在遊戲甚至現實的狀態中，F、H通常需要靠合作來達成。值得省思的是，現今許多議題桌遊多是在講述D、E、G、H甚至F、I選項，僅提供治本考量行為，固然具有問題解決知識學習的意義，但基於人性和立場為本的議題來看，這樣並不太真實，而且缺乏深層的價值探討。

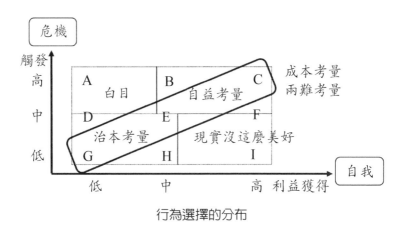

行為選擇的分布

(2)系統因素導向：正如前面所提及，雖然我們將議題最關鍵的因素做為遊戲勝利目標，可以讓玩家知道滿足該因素的脈絡，但對該因素的重要性的態度，可能僅是來自於「受遊戲勝利驅使」，而非「自覺重要性」。基於計畫行為理論與目的論，桌遊應該要讓參與者自主覺察、反思或調整其自身價值觀與行為，而非遊戲規則給予明確目標；換句話說，觸發「自主」的契機，我們認為來自做錯事因而增加危機風險、造成的無可挽回的惡性循環，更深於來自做錯事造成的全體遊戲判定失敗。因此，除了給予各種行為選項外，在行為回饋的設定上，議題桌遊提供的目標與行為空間，不適合「因知確實不可為而不為」的分數回饋導向，而應該是「未知不應為仍為之而知不可為」的系統因素導向，需在多層事件下才能體認結果；此外，行為結果不能過於具明確勝利／失敗／優勢／劣勢的差距。

　　例如：藍晶方舟希望參與者覺察與轉變其個人對公眾資源的價值觀，在系統中，水資源會因為個人拿取太多，而使得公眾能用的量變少。在原本的遊戲設定中，我們即不以公眾水資源做為積分之一，而是個人水資源，公眾水資源則會影響另一個積分「人民健康」，藉此達到多屬性目標。而為了觸發自主性地反思公眾水資源的重要性，我們改以不直接把「人民健康」設定成目標，而是做為遊戲中的重要因素：人民健康受損使得工人人力會損失，導致大家能做的事會更少、越可能趨向失敗。然後，將「經濟」設定成目標之一（如圖）。

　　在團隊的經驗與研究中，多數玩家在遊戲一開始會只關注在經濟積分（因為迅速可得），而忽略公眾水資源減少致使人民健康受損

後，方覺察到自己是自利價值（賺錢，圖中的底線）後，進而逐漸轉變爲公利價值（公眾水資源和人民健康，圖中的括弧），並實施相關公利行爲。

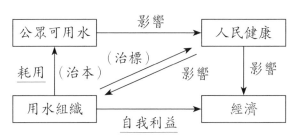

一個容易觸發短視近利而忽略長遠影響的系統

建議設計：各項行爲之優劣勢、行爲之因素回饋效率接近；系統因素導向的價值設定、非分數回饋導向的價值設定。

4. 玩家互動

目的是提供個人獲得在群體中的互動、覺察個人的社群情感、覺知與他人關係（即規範信念），應讓桌遊具有互動任務、情境、對話。

(1) 社會環境：議題具有社會性的互動，議題桌遊的設計也應體現人與人、社會、自然的互動，讓玩家能覺知個人於族群中的情感和關係。另一個有趣的是，由於社會性的關係，時常會有個體間受不平等對待的情況發生；但沒有人能忍受不平等，這也能產生一種對平等價值的尋求的目標，驅動個人參與族群間的互動，期望

藉由特定行為來獲得平等。

(2) 個體尊重：個人的行為受目的驅使，而行為的選擇是依個人的經驗來判斷有效性，由於個體差異性是議題的特性之一，因此，在群體互動中，我們應該引導參與者能尊重他人的想法，避免對他人進行單純行為的道德判斷。我們不應該評斷他人的（道德）價值，而是專注在他人的貢獻，以及行為的脈絡；這同時也是同理心的建立。這部分我們通常在說明書透過「小概念」或卡牌的「補充說明」來引導玩家思考，而不會建立機制強迫他們要在遊戲中做（這樣又會回歸到教師為主的權威教育！）。

　　例如：藍晶方舟的設計中，目標之一是賺取金錢，身為工科業的玩家可以：與政府交涉，降低水價或稅率；生產並賣出高價、有需求的產物；減少在科技發展的投資花費等行動。由於上述的所有行動之協商、交易與投資，都會與其他產業有關，同時也提供了群體關係的覺察。也需設想他人想法、同理他人。

　　建議設計：人與人與社會的互動空間、對他人同理的事件設定。

小結

　　依循「模擬化」、「模型化」與「模式化」的原則，我們基於計畫行為理論和行為目的論，可以從議題桌遊的情境、目標、機制與互動，來強化個人在自我態度、價值觀與行為的覺察與建立，甚至得以轉變。也請記得，在關鍵因素、關鍵環境和利益因素的設定上，我們不是盲目推崇，也不是販賣恐懼，而是經過分析的挑選重要成分，有

數據和邏輯根據的建構環境系統。

　　議題桌遊應該在促進大眾對議題的涵養（系統、態度、行為）之目的進行設計上的擴展，值得一提的是，桌遊還能藉由許多的環境設計，從學習觀點來擴展學習的效用；此外，也可以運用科技來擴展模擬的功能。

議題桌遊應讓玩家自由選擇目標，提供各類行動選項

二、擴展：學習效用的擴展設計

擴展思維

　　擴展議題桌遊的目的之一，在於強化議題桌遊在議題學習的效用和桌遊實施的輔助，其中，學習的效用在於「議題概念與系統」、「議題態度價值觀」與「議題傾向與行為」，我們已於前節說明；而實施的輔助則有「情境模擬」、「學習輔助」、「遊戲實施」。

如下：(1) 情境模擬是指，該擴展設計主要是強化桌遊在模擬化的效果，引發參與者投入在遊戲的情境中；(2) 學習輔助是指，該擴展在協助參與者在遊戲中覺察重要因素，以及促發其後設認知，亦具有評量的效果；(3) 遊戲實施則是讓桌遊在實施上更為便利。

　　此節分享本團隊已研究與使用，具強化議題桌遊學習成效有效性的擴展設計，供大家思考如何運用擴展設計到自己的桌遊中。當然，不是只有這些擴展方式，還待大家發想！

	情境模擬	學習輔助	遊戲實施
議題概念	科技媒材	難度模組、遊戲鷹架、記錄系統	存檔系統、記錄系統
議題態度	立場角色、空間應用、科技媒材	陷阱目標、立場角色、大型遊戲、同境劇本、空間應用、科技媒材	科技媒材
議題行為	立場角色、空間應用、科技媒材	大型遊戲、難度模組、遊戲鷹架、同境劇本、實作配件、科技媒材	存檔系統、記錄系統

　　我們將從規則結構、機制組成兩個項目說明議題桌遊的擴展設計，分別有陷阱目標、立場角色、大型化遊戲、難度模組、同境劇本；以及遊戲鷹架、記錄系統、存檔系統、實作配件、空間應用。而科技媒材，會在下一個小節進行說明。請記得，將這些擴展功能加入到桌遊時，也需要注意這些功能與遊戲情境和玩家操控感的配合，不能有脫離感和繁瑣感。

規則結構的擴展

1. 遊戲目標的擴展

(1)**陷阱目標**：目的在引起玩家反思自我行為、覺察議題內涵。陷阱目標是在勝利目標的設定上，與學習目標不同，或含的學習目標的比重低；然後將學習目標的成分，設計成會間接影響遊戲勝利的因素。

此設計讓玩家會只專注陷阱目標的達成，而容易忽略間接的關鍵因素（即學習目標）進而導致遊戲失敗。這促使學生產生衝擊，進而反思自身的思維與行為，釐清關鍵因素，建立對議題的態度。

例如：「藍晶方舟」是水資源永續議題，勝利目標的積分之一是金錢；但在遊戲中你要能順利賺錢，需要合理的取用公共水資源，以及為其他組織設想。

2. 情境設置的擴展

(1)**立場角色**：是在遊戲中建構各類與議題相關的角色或團體，讓玩家扮演。當玩家各自扮演持有不同立場的關係團體時，在遊戲中的自陳、對話、衝突、協商，便有助於發展學生的同理心，以及對問題的瞭解與議題背後所秉持的信念為何，進而從中發展信念並培養價值觀。

例如：「藍晶方舟」分有四個組織：政府、工業、農業、公會，各自有各自的立場、負責的課題、目標與想法等。

(2)**大型遊戲**：目的在強化玩家互動，或模擬現實社會。大型遊戲的

設計是一套遊戲可供 8～16 為學習者進行遊玩，每 2～4 人分成一個小組（並給予對應意義的角色），小組之間競爭勝負。此設計讓小組內可以為了達成勝利目標而合作討論，小組間相互競爭刺激思考。這能強化玩家間在遊戲中的互動與討論，也模擬了具有分工合作特性的議題，強化社群情感。

例如：「藍晶方舟」分有四個組織，每個組織有 3～4 位玩家，各自扮演決策人、總務、發言人、祕書等職位。

(3) **難度模組：**目的在讓使用者可自行挑選不同難度的遊戲內容。難度模組類似「模組化」的思維，設計有不同概念數量或不同挑戰難度的情境與事件，使用者可依照自己的目標或能力來挑選和挑戰。此設計能協助桌遊達到適性學習的功能，培養相應的議題概念或能力。

例如：「瘋水輪流轉」有不同的概念數量與思考因素的設計：初階版（環境、個人習慣）、基本版（環境、個人習慣、時間因素）、進階版（社會事件、環境、個人習慣、時間因素、複合影響）。

(4) **同境劇本：**目的在評量桌遊產生的學習遷移。同境劇本是設計另一個與桌遊主要情境相近的短劇本／短情境，讓學習者在一般規則遊完後，能接續遊玩。此外，同境劇本也記錄玩家的遊戲表現，讓我們能分析學生是否有發生學習遷移的行為，包括：在新的遊戲情境中，發現與先前遊戲情境相關的事物；或是，把在先前的遊戲中獲得的知識，應用在新遊戲的知識的學習。

例如：本團隊設計的「SAVIOURS」為複合災害與防災的主題，

遊戲主情境是坡地災害與防災、防災策略之培養，而同境劇本則
設計有河川災害、地震災害等。

機制組成的擴展

1. 機制運作的擴展

(1) **遊戲鷹架**：目的在引導玩家思考和關注議題脈絡中的重要成分。
鷹架的設計是透過事件卡或行動卡，來強制／半強制玩家面對和
處理重要情境中的事件、成分與關係。鷹架的設計可引導玩家的
後設認知，思考自我學習狀況，進而覺察重要因素、建構高階認
知、調整個人行為。鷹架需要融入在遊戲情境和操控中，以免破
壞遊戲體驗。
例如：本團隊開發的「The life」以演化與物競天擇為主題，用天
候卡來變動環境條件，半強制玩家處理生物在環境改變的生存；
使用突變卡變動子代基因，強制玩家覺知基因改變的各種可能和
影響。

(2) **記錄系統**：目的在引導玩家回顧遊戲歷程。紀錄系統通常使用科
技來輔助，記錄玩家在每一個情境／回合中行動後的遊戲資訊，
而這些資訊是議題中的重要成分。此設計讓玩家在遊戲中能了解
現況與目標的具體差距，促發他們實施對應的策略；也輔助教學
者觀察他們的學習表現。此外，除了有助於遊戲後的學習狀況評
估，也讓玩家能回想遊戲中的資訊，以建構全面的知識；或是回
想遊戲中的表現與經驗，並以這些經驗，提出下一次遊戲時的行

動與規劃。

例如：團隊的「天佑臺灣」以經濟與生態為主題，開發有 APP 作為資訊記錄，例如：產業經濟值、動物數量等。

(3) **存檔系統**：目的在讓遊玩時間較長的桌遊，能採用分次進行的方式來完整遊玩遊戲。存檔的設計在配件上可採用公共／個人的分裝方式來達成，而數據則可搭配紀錄系統來實施。此設計讓議題桌遊能採分次教學的方式，運用在單堂時間短的制式教育場域，得以進行複雜結構系統的學習；也有助於教學者／學習者快速整理遊戲，降低收納與設置遊戲的負荷。

例如：本團隊的「重組天史」以科學史為主題，使用收納袋收納每個群體（以及公用區）的牌庫、已發展的概念與理論、擁有資源等。

2. 配件組成的擴展

(1) **實作配件**：目的在營造玩家體驗探究和實作的過程，尤以具自然性質的探究為主。設計方式是運用具能安全反映物理／化學現象的配件，配合具探究過程的機制。此設計能提升課綱中所提的探究與實作能力，包含觀察、命題、計畫、執行等方法，除了變因的探索，科技與工程之操控與建置也是能發展的機制之一。

例如：本團隊發展的「電流之戰」是電路與電化學的主題，使用可導電的銅線黏成不同路線，以及發電電壓不同的 LED 燈。

(2) **空間應用**：目的在強化議題情境的體驗。從配件的設置、空間的營造，達到學習的目的，例如：議會、實驗室等。另一目的為延

伸遊戲體驗，讓桌上遊戲不侷限在桌上，利用現實的環境來延長
體驗，強化學習與興趣，例如：室內空間、戶外場域。

例如：本團隊發展的「拼拼巴克禮」是氣候變遷調適議題，運用
戶外場域的情境與物件，配合回饋機制來獲得場域拼圖，最後回
到教室桌上進行類似板塊拼放的遊戲機制的遊戲。

小結

　　本節主要在介紹議題桌遊在規則與機制中可擴展的設計，來輔助
或強化學習。除了從桌遊本身的設計著手，我們也可以運用科技，將
之融入在桌遊中，提高對學習的幫助，包含議題內容的呈現、學習過
程的回饋。

三、擴展：科技媒材的整合

為什麼用科技？

　　這是一個好問題，玩桌遊為什麼要談科技呢？

　　因為科技可以幫助議題桌遊強化它的議題模擬和學習的輔助
性。由於科技具有擴增資訊、呈現表象、程式運算、增進互動等功
能，將科技與議題桌遊結合，能增強情境模擬和強化回饋感等效果。
需注意的是，使用科技就代表玩家操作的配件至少會增加有「行動載
具」，且必須確保玩家有對應的科技產品；而且對於設計者而言，開
發成本也相對一般議題桌遊來得高。

　　在此節，我們將介紹科技在模擬化的功用和一些例子，也提供一些可操作的軟體，讀者們可試著設計。

即時效果

　　即時效果加入了「真實時間」的成分，強化玩家對時間流動或時間軸的感受和概念，形塑了與時間「競速」的環境。許多桌遊附有沙漏即是在呈現真實時間，但科技能顯示具體時間、聲光效果和排定事件。像是桌遊「逃離神廟」的情境是探索古廟時不小心誤觸詛咒的機關，要趕緊在時間內一起逃離；遊戲使用一段音樂做為時間限制，且快速節奏的音樂也營造了緊張感。而「太空警報」則是玩家同乘一艘太空船，在面臨隕石、飛船等攻擊下，想辦法修復損壞和維持太空船的機能；此遊戲透過錄音，在數個特定時間點發佈突發事件，玩家要在時限內解決這些事件。

　　即時效果包括了計時倒數、時間累積、即時資訊等具體運作，強調即時思考與操作，因此可強化「時效」的模擬化。可運用在具有即時應變、反應操作、時序觀念等相關內涵的主題，例如：餐飲處理、火場救援等。只要能剪輯或播放音樂、錄音錄影，或是時間倒數的 app 都可以進行設計，例如：手機內建的程式、VivaVideo、Quil、Smart Recorder 等多套 app。

資訊收集

　　資訊收集在於提供各類資訊，讓玩家觀察和搜集，包含文件、

圖片、3D 場景或 3D 模型等，形塑了「探索」的環境；而它解決了桌遊在實體配件的資訊的承載量和呈現類型的限制。例如：在「阿努比斯的假面」中，玩家是金字塔探險團隊，由於金字塔只能一個人進去，因此大家要輪流觀察和探索 3D 環景的金字塔內部，合作描繪出能通到陵墓終點的路線。「推理事件簿」讓玩家扮演偵探，在各個與案件有關的 3D 環景現場，搜索可能的物證、人證或資料，最後推導出兇手、兇器等案件資訊。

　　資訊收集在運用科技來呈現各種擬真物件、人物和環境的功能，強調玩家在遊戲中的觀察和資訊過濾，因此主要在「環境資訊」真實度的模擬化。可運用在具有擬真物件辨識、環境成分收集等相關內涵的主題，例如：生態觀察、史地調查等。此科技的優勢在於能呈現 3D 環景或立體模型，這類功能可藉由環景製作、3D 物件製作的 app 來達到，例如：Google 相機、Panorama 360、Fyuse-3D 等多套 app。

資訊揭露

　　資訊揭露的設計是「結果揭示」，透過科技來回應玩家所輸入的答案是否正確；目的在消除桌遊在回饋結果的外顯性，避免結果透露的可能。然而，由於答案都在程式裡，因此應該要有取得提示的方法或條件，以避免遊戲過程卡關。桌遊「大搜查」設定玩家們共同進行解謎冒險，在每個場景中尋找能逃脫密室／開啓機關的物件或資訊，從中獲得門鎖密碼／開啓方式，然後輸入到程式裡面來確定答案，如

果成功就前往下個場景。「偵探筆記」則是玩家收到了一個神祕筆記本，大家需要合作解答各種謎題，來解開神祕謎團。遊戲本身即是一個充滿謎題的筆記本，讓玩家推敲謎底；而手機 app 則用來輸入解答和推進故事。

　　資訊揭露在於將結果隱藏，玩家需靠自己動腦來想出可能答案，藉由科技來獲得答案之正確與否，因此主要在「解答」、「解謎」的模擬化。可運用在具特定解答的問題等相關內涵的主題，例如：案件偵查、程序反應等。只要能對玩家所輸入的答案，進行正確與錯誤判斷的 app 即可使用。例如：使用 Excel 的「if」判斷式。

探究揭露

　　探究揭露屬於「組合與回饋」的概念，與資訊揭露的「答案判定」不同；它不關注正確答案，而是讓玩家自主決定要輸入什麼物件，藉由科技來獲得輸入後的新事物或資訊，協助玩家進行遊戲或達到目標。例如：在「推理事件簿」中玩家們會獲得犯罪證據，將之輸入到程式中，然後再使用這些證據去詢問其他人，程式會給予玩家相對的回應，例如：對人證的印象、物證的印象等。「鍊金術師」這款桌遊也是，玩家會扮演中古時代的鍊藥師，需將兩張藥材組合，然後透過科技來獲得藥材組合會產生怎樣性質的藥水，從中推導出藥材的特性，並發表在期刊獲得聲望。

　　此設計講求玩家釐清輸入物件與輸出物件的關聯性，因此主要是「探究」的環境的模擬化。可運用在具有因素定義、關係理解等相關

內涵的主題，例如：科學探索、人際探索等。前面描述的兩款遊戲都使用了「擴增實境」（Augmented Reality）來呈現這效果。擴增實境的原理即是感應物件 A 來獲得物件 B，許多擴增實境 app 都能讓大家創作輸入物件與輸出物件的關係，例如：QRcode 掃瞄。

因素計算

因素計算在於呈現複雜因素之關聯性，節省「人工結算」的時間，降低計算的負荷或繁瑣感；它能讓玩家更專注在理解因素間的關係，而非專注在計算數值的能力。在「藍晶方舟」這款桌遊中，遊戲過程會與臺灣的稅收制度有關，再加上不同類型的產業，牽涉到貨品生產、交易與稅收的過程中賺取資金。由於金流牽涉的數值與因素細節較多，搭配程式來代替玩家計算。

因素計算在於透過程式來協助學習者計算精確的數值，降低多因素計算的負荷，讓玩家可以更專心地在理解因素間的正負回饋關係，而不是算術能力。它處理多因素與數值間的關係，因此有因素界定和數值計算的 app 都能拿來設計與使用，例如：Excel 的計算式。

即時統計

即時統計在於即時呈現多人投票後的結果，它提供多選項、多人投票的功能，能迅速統計所有玩家的選擇結果，而這投票結果將會影響遊戲接下來的進行，或是與勝負有關。桌遊「古董局中局」的情境是寶物鑑定大會，玩家分別扮演兩個陣營的角色，解析寶物真偽或影

響鑑定過程；遊戲結束前會要大家投票找出敵對陣營的領袖，就使用到即時統計的功能。而「藍晶方舟」以水資源在社會運作為背景，涉及相關法案的決策；由於遊戲實際運作是多人投票的社會情境，因選項與人數較多，故使用即時統計程式來輔助遊戲進行。

即時統計主要是多人投票和投票結果顯現的具體運作，主要在「社會投票」的模擬化，可運用在具有多人決策、投票反應等相關內涵的主題，例如：民意公投、院會議案等。即時反饋系統（Interactive Response System, IRS）即具有這種功能，其中一個網頁程式 CCR（CloudClassRoom），它能讓玩家們直接透過手機設計各種類型的選項，並在遊戲中進行投票、即時顯現投票的結果。

情境處理

將科技作為情境處理在於輔助「祕密執行」的操作或「情境回饋」的執行。祕密執行是讓特定玩家或角色，在他人不知道的情況下，執行該玩家或角色可做的事情。例如：「古董局中局」的玩家扮演具不同能力的角色；由於在遊戲中的角色屬於隱藏資訊，因此使用科技來讓玩家直接在程式中操控自身的角色能力，達到祕密執行的效果。

情境回饋是由科技進行描述情境事物、判斷事件觸發條件、處理事件效果、控制非玩家操控角色（npc）等功能。例如：「瘋狂詭宅二版」以克蘇魯神話為背景，玩家扮演一群調查員到各個詭異場域調查神祕事件，此遊戲的一版為合作對抗，會有一位玩家扮演守密人（Keeper）來操控 npc 和發動事件；而二版則使用了 app 讓程式做為

守密人，玩家們共同合作過關。

科技作爲情境處理，可以讓玩家在遊戲過程中，有更好的情境擬眞性與帶入感，可應用在社會交際、災害顯現與防災處理等主題。情境處理主要在運作屬於該遊戲世界中的環境，交互作用相當複雜，需要靠具變數定義、資訊回饋、影音輸出等功能的程式來處理，例如：Unity 遊戲引擎，它是廣泛用於三維視覺化、動畫等具互動效果的工具。

小結

本節主要在介紹可融入至議題桌遊的各種科技的運用方式，強化模擬化的效果。需注意的是，使用科技至議題桌遊中的思維，在於其科技的必要性，即是對學習的幫助，這包含了議題內容的呈現、學習過程的回饋。我們建議當讀者依循模式化，確立學習的目標時，即可考量在各項目加入對應目標的、符合功能的擴展設計，以強化模擬化的效用。也請記住部分擴展設計的加入也會增加相對應的規則量，請考量學習者的規則負荷。

四、進階實戰：議題桌遊的擴展設計

議題桌遊應呈現議題的系統性、完整性、關聯性及操控性，也應給予玩家有足夠的行爲空間和互動空間，讓他們能自主的訂定目標與實施行爲。在此節的實戰中，希望大家能嘗試設計培養議題態度、價值觀與行爲（企圖）的桌遊。

Mission：**換你做做看**

在此節，將帶著大家依循模式化，進行桌遊擴展設計，完成「議題桌遊擴展實戰任務單」！你可以拿第四章已具有議題脈絡的遊戲設計來繼續擴展，而擴展的流程是依循模式化的步驟的。

1. 任務目標

預計完成四項：

(1)設定議題資訊：學習對象、學習主題（新增態度、行為）。

(2)繪製議題系統，可與第四章之實戰相同。

(3)規劃規則結構：增加遊戲目標的擴展、情境的擴展。

(4)安排機制組成：增加機制的擴展、配件的擴展。

2. 設計指引

(1)設定議題資訊：除了原有的主題知識，可嘗試加入態度與行為的內涵，也建議大家釐清自己欲設計的議題是哪類議題。

改作遊戲	對象：	議題領域：
	傳達的系統：	
	培養的態度：	
	促發的行為：	

(2)繪製議題系統：此項目繪製議題系統、成分與關係。你可以直接使用第四章的實戰內容。為了讓大家專注在真實的議題情境，在此節的系統圖改為四個因果成分，各成分的意義如下圖。如同前

述，此圖形成一種議題情境：我們的行為會影響利益因素和關鍵因素，而關鍵因素會影響關鍵環境（自然、社會環境等）；因此，當我們只關注利益時，會導致整個環境的負向結果，甚至影響我們的利益；而這也是「陷阱目標」的設計。記得，成分的名字要是中性的名詞，不應包含正向或負向的形容詞。

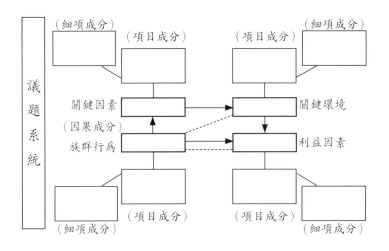

(3)規劃規則結構：進行模擬化設計與模型化檢核。使用時序規劃分析議題事件，並安排遊戲階段，同時也安排能呈現議題特性的遊戲目標與角色。

我們建議擴展設計應基於計畫行為理論及行為目的論，在情境、角色、目標與事件等設計，釐清玩家在遊戲中的社群定位，以及提供能自主自訂與轉變目標、實施與修正行為的事件。讀者可以標註此遊戲想要藉由擴展達成的目的為何，以及對應的具體擴展設計。若要引發失敗後的反思，則建議可僅用利益因素來做為遊戲目標，而情境流程與事件依循議題系統。

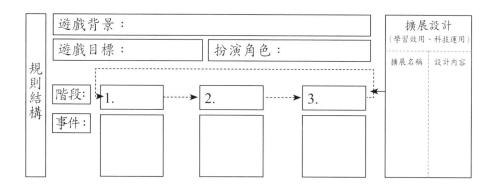

(4)安排機制組成：回饋機制與互動的設計，應該讓玩家可以評估其目的與行為效用，以及在玩家群體中創造互動。設計時，應避免分數回饋導向、行為結果過於具明確加分／減分／優勢／劣勢的差距；應該讓他們在遊戲中能自主「選擇」、「獲得」和「比較」，需在多層回饋／事件下才能體認結果的系統回饋導向的設計；此外，遊戲也應體現人與人、社會、自然的互動。同時，也需要注意回饋機制應該要能呈現族群行為對利益、對關鍵因素的影響過程，以及關鍵因素對關鍵環境甚至利益因素間的交互性。

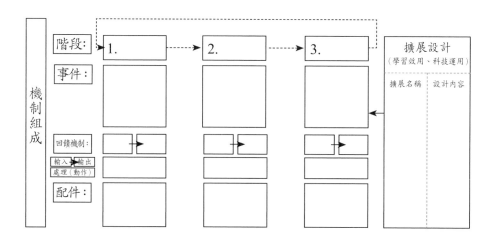

3. 任務完成

　　同樣的，如果你完成了模式化的擴展設計後，也馬上進行遊戲測試，測試自己寫的這份任務單的設計內容，是否可以促進你預期的培養內涵與擴展效用。這部分牽涉到參與者的個體態度、行為與互動之表現，強烈的建議要找其他人一起測試，並藉由訪談或詢問的方式了解他們在遊戲中的感受與獲得。

擴展設計之後

　　如果你已經熟悉四個核心成分的議題系統分析，以及遊戲擴展設計，你可以開始嘗試運用模組化中的「一級系統的擴大」。我們認為一個探討人性的議題系統至少有四種成分：族群行為、利益因素、關鍵因素和關鍵環境，這便構成了最初的一級系統。然後，你可以加入各種會影響核心系統的外部因素（因果成分及隸屬之下的項目成分），來讓玩家知道更廣更深的議題內涵；接著逐步地依循新增的因

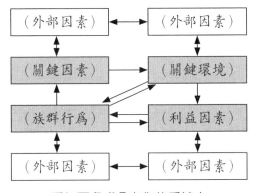

添加更多成分在你的系統中

素來設計和加入遊戲的相關物件和事件、對應的規則與回饋，以及繪製各類卡牌配件。

　　到此章，讀者們應已會使用模擬化、模組化、模式化、模型化、模板化，設計出具議題脈絡的遊戲，並確保和擴展議題桌遊的學習內涵。而爲了能創造出因應社會情勢、具議題深度的桌遊，身爲設計者／教學者，應時常自我研修議題學習的意涵，強化自我對議題的敏感度與專業知能。

第六章 從 85 到 95：議題桌遊與它們的 Future

前一章「議題桌遊與它們的 Extension」提到了議題桌遊在培養議題的認知外，還有價值態度與行為企圖的養成，以及相關設計；此外，還有針對學習效用的擴展。

在此章，我們會繼續介紹六模化中的模件化，它的目的是建立「知識特性—遊戲機制」的轉換套件，讓設計者在設計議題桌遊、融入知識時，更加方便與彈性。此外，我們也會分享在遊戲完成後，實施至教學現場的思維和事項，強化議題桌遊在設計與運用的延續性（Future）。

我們建議在閱讀此章時，聚焦思考：我為什麼要運用桌遊進行議題學習？

一、模件化

什麼是模件化（Mimicry）？

模件化讓設計者能依據知識特徵，將知識與概念轉化成回饋機制（遊戲機制），或直接套用機制的套件。模件化的基礎類似「模型化」，但兩者有所不同：模型化是基於議題系統的模擬化，具脈絡地

檢視遊戲目標、機制與配件是否有呈現概念特性；模件化是基於知識概念的學習，設計讓參與者能從操控中學習概念的回饋機制。

　　因此，在進行模件化時，我們會關注知識結構的命題與論點或是系統的關係與成分，是否有符合和可套用的機制；此目的即是關注在機制的輸入、輸出、操控處理、回饋過程是否能體現知識，幫助學習。也由於模件化是就每一個知識和概念形成具有學習效果的遊戲機制，因此不適合運用在多個概念的構建，以免機制之間無法搭建具脈絡性且合理的遊戲流程，進而影響模擬化的效果。但當設計者想要凸出一個議題核心概念，而其他小概念皆屬於這個核心概念下的衍生，則相當適合藉由模件化，來形塑一個能貫徹整個遊戲運作的回饋機制。

　　模件化的過程，主要是依循模式化的回饋導向脈絡，其順序為「議題資訊」、「機制組成」再到「規則結構」；具體步驟是，在設定學習對象與學習內容後，會分析知識的特性來安排對應的機制，最後安排遊戲情境、設定遊戲目標等遊戲結構。

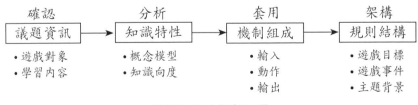

模件化的流程與細項

模件化：知識分析

我們在第四章已有說明概念建構類比模型，為能增加分析知識類型的評定，我們也增加布魯姆教育分類法提出的知識向度（Knowledge Dimension）來分析知識，包含事實知識、概念知識、程序知識、後設認知知識。

1. 事實知識

指應該知道的術語，或可進行解決問題的基本元素。包括：「術語的知識」、「特定細節與元素的知識」。

(1)術語的知識：知識結構的「命題」，或系統的「成分」；是既有的關鍵詞語，須先理解才能有效表達或討論。例如：藍晶方舟水資源系統中，晴天、食物、電器、冰箱、水足跡、健康等詞語。

(2)特定細節和元素的知識：個別的、片斷的資訊與知識，或是現象、事實，並未與其他元素連結因果關係。例如：晴天是指太陽出現沒下雨、食物是我們平常會吃的。

2. 概念知識

知識結構中各元素間的關聯性、交互性或回饋性，以及元素與結構共同運作的互動關係。包括：「分類和類別的知識」、「原則和通則化的知識」、「理論、模式、結構的知識」。

(1)分類和類別的知識：根據資料的性質、特徵、關係等因素予以分門別類（相同性或差異性），以確定其類別、等級或排列情形。

例如：藍晶方舟中的類別知識中，相同性有：雷陣雨、暴雨、鋒

面雨，都屬於降雨型天氣；差異性有：肉魚類食物比蔬果類食物耗水，用「耗水」來分別「肉魚類」和「蔬果類」食物。

(2) 原則和通則化的知識：兩個以上的成分或事實的因果關係，或交互關係；具系統組織及事實意義，用來描述、解釋與預測事物發展。例如：晴天會造成可用水量變少、冰箱能減緩食物腐敗。

(3) 理論、模式、結構的知識：描述多個成分間的多種靜態結構或動態過程，是事實、概念、原理等構成的系統化知識。例如：水資源的供需系統，牽涉天氣、用水、供給方行為、需求方行為、水足跡、健康、金錢等。

3. 程序知識

完成一件事情所需的知識，即是流程、方法、技巧或規則系統、技術、規準等。通常包括：「學科的技能和演算知識」、「學科的技術和方法知識」、「運用規準的知識」。

(1) 學科的技能和演算知識：有一定的次序或步驟，來達成固定最終結果或解決固有答案之問題。例如：數學的四則運算原則，要先運算乘法和除法，再運算加法和減法。

(2) 學科特定技術和方法的知識：沒有一定步驟或次序、或單一解決策略，且通常沒有固定的最終結果。例如：想增進健康，可以採用食療、醫藥、運動等方式。

(3) 運用規準的知識：在達成目標或解決問題時，依時空條件、情境環境使用特定技術和方法。例如：用需求與價錢評估標準，來確認產品是否賣的出去。

4. 後設認知知識

　　是指在認知的過程裡所獲得的知識，也指運用適當策略在思考、問題解決、自我察覺等的知識，是監控、控制和調整認知等與學科無關的內容，包括：「策略知識」、「認知任務知識」、「自我知識」。

(1) 策略的知識：學習、思考和解決問題的一般策略性知識。例如：碰到缺水問題時，思考缺水原因以及可能的解決方法，並設想未來避免問題再發生的方法等。

(2) 認知任務的知識：掌握並依據情境狀態、社會環境、文化現象等客觀條件，運用策略來完成不同要求的任務。例如：規劃產品賣價時，思考現有量、需求量、買家心態等條件，來完成價格制定。

(3) 自我的知識：了解自己在認知和學習上的優缺點、動機、價值觀、目標等。例如：沒有成功賣出自己的產品，思考可能是自身表達或銷售能力不足。

模件化：機制套用

　　依循模件化所設計的桌遊，其目標是讓玩家在操控回饋機制時，也學會對應的知識。因此當設計者分析概念與知識特性後（十種概念類比模型、十一類知識向度），會進到下一階段：機制套用，選擇適當的機制來呈現知識。在此節，我們希望讀者能先試著解析一些在桌遊中常用的機制（mechanism），再之後我們會說明模件化的思維與步驟。

　　首先，請讀者依據每個機制的說明，分析該機制的輸入、動作與輸出各是什麼詞句；你可以先找出動作，在動作時序之前則通常為輸入，時序之後為輸出。然後，請依循各個機制的回饋過程，寫下你認為與這機制相似的具體知識與概念，以及對應的類比模型或知識向度。例如：「牌庫構築」很像「個人習慣」，整個牌組就是個人整體，而每種牌都代表某個習慣；每種牌在牌組的多寡，象徵著個人觸發該習慣的可能性；可對應「模擬」類比模型。例子如下表：

機制名稱 與說明	牌庫構築 Deck/Pool Building		
	玩家利用增加及更改牌組內容，或運用策略及手段強化牌組內容，以取得優勢。		
回饋分析	輸入：牌組卡牌	動作：增加／減少	輸出：牌組內容
相似的 知識／概念	個人平常一天的生活習慣；個人在面對議題時的通常思考或選擇；產業的生產走向、內容與良率。		
類比模型／ 知識向度	「模擬」類比模型、「自我的知識」。		

　　下面表格請讀者試著填寫。

機制名稱 與說明	行動點數配額系統 Action Point Allowance System		
	每個玩家在每回合得到一定數量的行動點數，玩家可自主的分配點數來執行不同的行動。		
回饋分析	輸入：	動作：	輸出：
相似的 知識／概念			
類比模型／ 知識向度			

機制名稱 與說明	區域控制 Area Control		
	玩家藉由擁有較多或較大影響力的物件單位來控制 已存在的區域而取得優勢。		
回饋分析	輸入：	動作：	輸出：
相似的 知識／概念			
類比模型／ 知識向度			

機制名稱 與說明	商品投資買賣 Commodity Speculation		
	玩家利用金錢投資商品，藉由商品增值賺取差價而 獲取利益。		
回饋分析	輸入：	動作：	輸出：
相似的 知識／概念			
類比模型／ 知識向度			

機制名稱 與說明	擲骰 Dice Rolling		
	玩家透過擲骰所示的點數進行遊戲。		
回饋分析	輸入：	動作：	輸出：
相似的 知識／概念			
類比模型／ 知識向度			

機制名稱與說明	手上物件管理 Hand Management		
	玩家透過管理手上物件的打出順序、組合方式及捨棄原則等，使其在遊戲中獲得優勢或勝利。		
回饋分析	輸入：	動作：	輸出：
相似的知識／概念			
類比模型／知識向度			

機制名稱與說明	組合收集 Set Collection		
	玩家在遊戲中透過收集同組物件以取得優勢。		
回饋分析	輸入：	動作：	輸出：
相似的知識／概念			
類比模型／知識向度			

機制名稱與說明	工人放置 Worker Placement		
	玩家透過在特定動作區域放置特定物件已取得在該區域的優勢。		
回饋分析	輸入：	動作：	輸出：
相似的知識／概念			
類比模型／知識向度			

　　下面，附上我們分析的結果範例，相似的知識與概念有很多可能，我們僅列出 1、2 個；讀者可參考模型 / 知識向度，但也並非唯一的答案。

遊戲機制			相似概念	知識向度 / 模型
行動點數配額系統			◆時間管理 ◆體力分配	◆原則和通則化知識 ◆概念過程模型
輸入： 行動點	動作： 分配	輸出： 行動		
區域控制			◆競選投票 ◆宗教圈地	◆運用規準的知識 ◆地圖，圖表和表格
輸入： 物件區域	動作： 佔領	輸出： 利益		
商品投資買賣			◆投資	◆策略知識 ◆概念過程模型
輸入： 金錢	動作： 投資	輸出： 商品		
牌庫構築			◆個人習慣 ◆公司模式	◆原則和通則化知識 ◆模擬
輸入： 卡牌	動作： 變更	輸出： 牌組內容		
擲骰			◆不確定性 ◆不可控性	◆具隨機意義的概念過程模型
輸入： 骰子	動作： 投擲	輸出： 點數		
手上物件管理			◆自主行動	◆學科技術和方法知識：尺度模型、符號模型、概念過程模型
輸入： 物件	動作： 組合	輸出： 利益		

遊戲機制			相似概念	知識向度／模型
組合收集			◆垃圾分類	◆分類和類別的知識 ◆標誌和符號模型
輸入： 物件	動作： 蒐集	輸出： 效果		
工人放置			◆產業生產	◆運用規準的知識 ◆地圖，圖表和表格
輸入： 物件	動作： 放置	輸出： 區域能力		

　　藉由分析桌遊的遊戲機制，應可稍微釐清知識特性與機制呈現間的對應關係。「模件化」就是增加相互對應與轉換的樣板，讓我們在分析概念模型和知識向度後，可尋找對應的機制。相互對應的範例如下表。

對應的模型	對應的知識向度	對應的遊戲機制
尺度模型	◆術語的知識 ◆特定細節與元素的知識	◆組合收集 ◆手上物件管理 ◆交換
教學類比模型	◆特定細節與元素的知識	◆問答
標誌和符號模型	◆術語的知識 ◆特定細節與元素的知識	◆手上物件管理 ◆組合收集
數學模型	◆原則和通則化的知識 ◆程序知識	◆手上物件管理
理論模型	◆理論、模式、結構的知識	◆交換
地圖，圖表和表格	◆分類和類別的知識	◆區域控制 ◆工人放置

對應的模型	對應的知識向度	對應的遊戲機制
概念過程模型	◆ 原則和通則化的知識 ◆ 程序知識	◆ 商品投資買賣 ◆ 手上物件管理 ◆ 交換 ◆ 擲骰
模擬	◆ 理論、模式、結構的知識 ◆ 後設認知知識	◆ 角色扮演 ◆ 投票 ◆ 牌庫構築 ◆ 競標拍賣
心智模型	◆ 後設認知知識	◆ 敘事
綜合模型	◆ 後設認知知識	◆ 敘事

　　我們在分析完知識特性、套用機制後，會依照模擬化的原則以及模式化的回饋導向脈絡，安排遊戲情境、遊戲目標、扮演角色、主題故事與初始設置等遊戲規則。配件部分，則須謹記每個機制所需要的配件，配件可以有發動機制的卡牌、骰子、個人板、公共板、模型、動作指示物，也有紀錄數值現況的型態配件（水滴、愛心等）、數值板等。

　　在此節的練習，我們只列出部分的遊戲機制，讓讀者可以到BoardGameGeek 網站上，去看更詳細的機制說明，以及使用此機制的遊戲介紹，好增加對機制的了解。

BoardGameGeek 網站

模件化過程範例

　　我們用「生活習慣」做爲主題，向大家說明模件化的過程，而這範例是「瘋水輪流轉」的另一個版本。遊戲的設計思維與步驟如下：

1. 確認此遊戲的議題資訊，遊戲的對象是一般大眾，學習主題是「生活習慣對水資源的影響」，也是遊戲的核心概念；而核心概念下的學習內容則有生活中的飲食習慣、用電習慣、個人習慣與行爲對水資源的影響。

2. 接著分析此遊戲的核心概念的特性，由於生活習慣對水資源的影響相當複雜，牽涉許多因素，而且是多個行爲下的結果，因此我們歸類「習慣」爲「模擬」模型。此外，遊戲也希望大眾能了解自身習慣的影響、並且促使其在遊戲中覺知改變的重要，因此也歸類爲「自我的知識」知識向度。

3. 機制組成的部分，我們基於「模擬」模型和「自我的知識」知識向度，選擇「牌庫建構」機制。「牌庫建構」的特性在於「個人牌組」及「牌組改變」。「個人牌組」中的每一張牌，可以代表一個人的各種喜好或習慣；而每個人擁有的牌組，可模擬出每個人的習慣；而「牌組改變」則能模擬習慣改變這個情境。在確定機制後，將每個習慣和喜好對水資源的影響，置入成每一個卡牌。

4. 在規則結構的步驟中，遊戲目標的設定有水資源的保存量、喜好的達成數量；遊戲事件則依據「生活情境」的模擬以及「牌庫構築」機制，設定了回合流程：(1) 生活課題規劃：公開數張生活需求卡；(2) 生活需求處理：從手中打出手牌，處理生活需求；(3) 生活習慣養成：可增加或移除個人牌庫中的牌；(4) 水資源與喜好

結算：結算生活處理對喜好和水資源的影響；(5) 休息補眠：恢復手牌。最後，為這個遊戲描述一個故事和情境。

在此節，我們提供的是模件化的應用原則，因為模件化並沒有一個「正確和唯一」的轉換配對，而是對應於學習內容的適性調整。因此，我們建議每當你設計完一套遊戲後，記錄自己如何在概念與機制之間進行轉換，以及機制的設計，擴大自己的資料庫。

模件化：主動操控和被動結算

在模件化，我們會將概念的特性藉由回饋機制來呈現，希望參與者在操控的過程中學會知識。然而，如果設計的遊戲的學科內容稍多，遊戲結構也會變大；此時，若每一個概念都要玩家進行策略操控，就顯得繁瑣複雜。在設計遊戲時，我們會將學習的內容進行優先排序，設為優先序 1 的知識（也就是主要學習目標、核心內容），會讓參與者在自主與重複操控下，強化學習，會使用有動作操控的「輸入 - 動作 - 輸出」的回饋機制；優先序 2 的知識，就偏向使用單純的「輸入 - 輸出」數值轉換機制即可。例如：我們在此書所附的瘋水輪流轉，安排即如下圖。環境影響、個人習慣與儲水即為優先序 1。

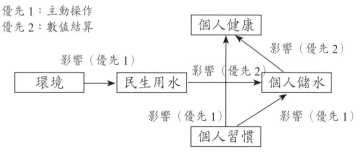

為你的系統排定優先序

要補充說明的是，由於模件化是回饋導向脈絡的設計，關注參與者在操控回饋機制時，藉由回饋過程來學習知識；因此，模件化也可以用來設計傳達特定知識的學習型桌遊。另外，除了透過回饋機制的操控讓參與者得以學習知識，我們也可以運用動態的心流理論，來促進參與者對知識了解的範圍或深度、或提升行為能力的表現程度。

二、對遊戲進行評估

基於學習來評估：動態心流

心流理論是一位心理學家契克森米哈伊（Mihaly Csikszentmihalyi）提出，是一種將個人精神力完全投注在某種活動上的感覺；心流狀態產生的同時會有高度的興奮感及充實感等正向情緒，因此，心流理論也常被運用在遊戲中，來評估遊戲是否讓人投入和覺得有趣。心流是引發玩家投入在遊戲中的要素，很多文章、書籍、論文都已有討論心流的設計，我們並不在此多加著墨，主要在討論心流與學習的關係。

1. 激勵與動機

在心流理論中，橫座標是個人的技能程度，往右是越強；而縱座標是活動的挑戰程度，往上是越高。由圖中可知，心流的區域是在高挑戰程度與高技能程度；也就是說，當玩家能以其高程度技能來處理高程度挑戰時，通常會處於心流狀態。如果挑戰稍高但能力尚可應付，就會處於激勵；但如果挑戰過大而能力不足，就會產生焦慮。反之，若挑戰低於能力時，會感到放鬆甚至覺得無聊。

　　遊戲裡的挑戰應該考慮到玩家的能力，進而讓玩家願意且更加投入，其中，「激勵」、「心流」與「控制」是良好的狀態。「激勵」是玩家對挑戰感到新奇與刺激，認知自己在精進知能後可完成任務，而去嘗試挑戰。「控制」則是玩家認為挑戰在可掌控的範圍中，認為自己了解任務和方法，進而去完成挑戰。

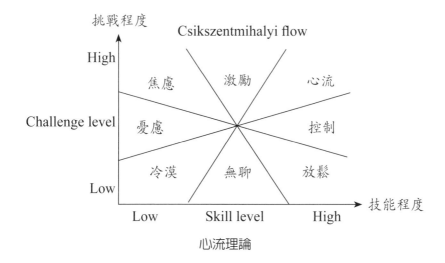

心流理論

2. 挑戰與學習

　　在一個設計良好的遊戲中，挑戰與玩家能力之間會取得一種「激勵→心流→控制→激勵→心流」的動態平衡。遊戲初期給予較玩家能力高一點的挑戰，觸發其激勵反應；當玩家能力逐漸上升，與挑戰的關係走向心流與控制時，再給一個比現在能力更高一點的挑戰，再觸發其激勵反應，依這動態模式不斷地讓玩家投入在遊戲中。

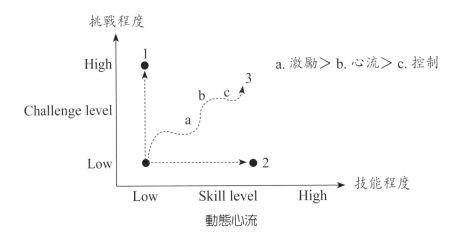

動態心流

　　議題桌遊若滿足動態的心流，將可能幫助學習、提升學習成效。當玩家在遊戲中，議題任務挑戰與相關個人能力處於激勵區域時，此時就會為了想達成目標、獲得滿足，就會自主地進行學習的行為。例如：玩家因為個人尚未全盤釐清脈絡、或與他人溝通未果而導致結果不完美，便容易激發他們認為只要自己再了解系統多一點、再多溝通好一點就能達成目標，進而自主提升對應的知能。這樣的行為脈絡也符合第五章的行為目的論。

　　因此，任務難度的設定，應該要符合且稍高於參與者能發揮最大能力的程度，讓他們預期可達成而去嘗試、學習。如果遊戲難度沒有隨玩家能力上升，則最後玩家便會感到無聊，而不再選擇進行遊戲；或是增加的難度過強，玩家產生焦慮，也會致使他們放棄遊戲。這也是我們在模式化與模件化提及「回饋導向設計」時，強調我們要從參與者的能力背景來設計遊戲的機制和規則。也請記住，不應該是對遊戲規則的理解形成挑戰，而是在遊戲內的任務形成動態的挑戰。

在議題桌遊的設計中，要觸發動態的心流，其動態的挑戰可靠目標的設定、每回合任務難度增加、對手能力的提升來達到。例如：在藍晶方舟中，玩家能獲得的綜合分數沒有上限，可以自我設定挑戰；然而，個人在綜合分數的獲得難易，會受其他玩家能力的影響，因此，其他玩家於產業系統理解、談判協商能力的逐漸提升，也會增加玩家在遊戲中感受到的挑戰與難度。此外，遊戲中的不可控制事件，也會隨回合數增加而變得更大衝擊、解決難度與複雜度也變高（反應極端天氣增加）。

基於動態心流與學習，我們進行遊戲設計的評估時，要評估自己的遊戲是否有提供具體的目標、適當的難度、即時的行為後回饋；是否能讓玩家的心境與遊玩過程是連續的、讓玩家能自覺掌控、避免過重挫折感。

基於遊玩來評估：遊戲設計的要點

在此節，我們列出幾個要點與事項，幫助讀者們檢視自己的桌遊產品，並且可以進行初步的修正。當然，這只是我們設計經驗上的建議，不一定適用在每一款遊戲之中，還請讀者們斟酌參考。建議事項分別是：

1. 遊戲情境是否夠吸引人？

對於議題桌遊而言，遊戲的情境營造非常的重要，好的遊戲情境能提升玩家的參與度，也能讓學習動機有顯著的提升。若是不知道怎麼營造好的遊戲情境，建議可以先從寫故事著手，這對初次設計的讀

者來說，是門檻比較低的方式，花的時間也相對較少。

　　例如：「這是一款化學背景的桌上遊戲，同學們在遊戲中會學到許多化學元素。」這樣乍聽上去有些無聊，我們可以做的是將遊戲故事改成：「這是一款核災過後的遊戲，同學們需要扮演科學家，利用自己本身的化學專業，製作出許多產品，來讓大家能渡過末日危機。」這樣子的遊戲情境塑造，有助於玩家更好的參與在遊戲中。

2. 遊戲的內在動機與外在動機的平衡

　　在第一章和其他章節，我們一直提到遊戲設計對玩家動機的影響。外在動機的設計是以非玩家自身心理、外在環境來驅使玩家投入的遊戲元素，例如：遊戲規則、獎勵等；內在動機的設計則是基於玩家在遊戲中的心理感受來驅使投入的設計，例如：情境感、體驗、回饋感等。

　　議題桌遊強調內在動機，可依第五章所提到的情境設計來增加社會興趣、角色責任等。但還是建議讀者們，在設計初期盡量練習外在動機和內在動機在遊戲中的設計，等到比較熟悉與理解兩者的特性和差異後，再開始規劃想在桌遊或課程中的運用比例。

3. 是否有後追機制？

　　後追機制是在競爭類型的遊戲中會運用的設計，特別幫助落後的玩家在遊戲中有機會可以追趕上領先的玩家。像有些賽車遊戲中，若是處在後面名次的玩家，會有促使他的賽車更強力加速的機制，直到該玩家回到中間群。

　　當然，不是每一款遊戲都需要後追機制，但是我們在設計議題桌遊的時候，對象大多是學生為主的玩家，試想一下，若是沒有後追機制的遊戲，落後的學生會不會玩到一半就放棄？會不會玩到一半參與度就開始下降？這是很有可能會發生的狀況，因此後追機制的有無，可以視情況加入在遊戲裡，以防有上述的意外出現。

4. 是否有進行遊戲測試？

　　遊戲測試是遊戲設計過程中，非常重要的一環，我們建議讀者絕對要進行這個事項。遊戲設計後，必須透過遊戲測試，來確認遊戲是否可以順利進行、遊戲是否平衡、遊戲是否太難、遊戲性過低等遊戲可能會出現的問題，盡量讓這些問題在測試階段做好修正，以確保遊戲在實務現場的品質。

讀者可以在遊戲測試的過程中，平衡好學習跟趣味性的比重

5. 教學目標是否有達成？

　　議題桌遊不是商業桌遊，遊戲的趣味性並不是遊戲發展的核心，重要的應該是這個桌遊的議題是否成功的引起玩家對議題的關注、興趣以及認識。千萬不要為了讓遊戲好玩，而失去了議題的價值；但也不要只淪為學習媒材，遊戲應有的趣味性過低。這兩者之間的平衡必須謹慎拿捏好。有時，我們會在符合情境和回饋合理的條件下，在遊戲中增加一些具隨機性的機制；因為隨機帶來的結果不確定性會讓一些玩家產生刺激感、趣味感，覺得遊戲玩起來不會像圍棋那樣生硬。

　　除了上述幾點在遊戲規則與機制的設計評估外，遊戲中的美術也應做為影響學習者投入遊戲的考量，安排適切的美術與視覺觀感，優化配件的動線、介面與操作，能強化在遊戲中的感受與投入。

遊戲評估表

　　在設計完議題桌遊後，找尋其他人測試遊戲前，身為設計者應該要先能自我評估遊戲。在此，我們提供簡單的評估方式，進行遊戲檢視。

1. 自我評估表

　　依循六模化，議題桌遊在模式化的四個項目應該要符合設計遊戲時的目的，滿足對目標族群於議題觸發與學習的效用。下表為團隊所發展的自我檢測表的部分題目，供讀者們確認這款遊戲是否符合設計目標。

　　我們以藍晶方舟做為題目範例，會先在評估內容欄位中的括號內，填入「水資源調適」此關鍵字，然後基於這個關鍵字，檢視自己的遊戲；讀者應該依自己的議題主題，替換此處關鍵字。

模式項目	評估內容 （水資源調適）	檢視（V）	
		是	否
議題資訊	養成對此議題的興趣。		
	傳達此議題的知識。		
議題系統	有呈現此議題名詞之間的相同性和相異性。		
	能完整呈現此議題的事件的因果關係。		
	能建立對此議題學習的自信心。		
	能顯示此議題的重要性。		
規則結構	可運用不同策略和技巧達到遊戲目標。		
	遊戲有設定符合議題內涵的角色情境。		
	遊戲過程與情境有連貫性。		
	遊戲過程非常流暢不會出問題。		
	遊戲的勝負條件對玩家是否公平。		
機制組成	遊戲操作後的回饋結果是明確的。		
	回饋的操控行為或動作是具有意義的。		
	遊戲的配件有助於了解遊戲的主題情境。		

2. 簡易的遊戲測試表

　　遊戲在設計完成後，還是會有許多在設計過程中難以覺察或無法檢視的問題存在。因此，我們會建議讀者在遊戲測試時，可參考下面

附的簡易測試表，先行自我檢視；然後再將桌遊拿給此遊戲的對象族群，進行測試，並請他們填寫測試表來評估遊戲。

　　值得注意的是，每一款遊戲給十個玩家遊玩，就會有十種不同的遊戲感受；因此，測試表的內容，只是讓設計師有一個修正的依據，不是為了配合每個人而盲目的照單全收。至於要測試幾場，會與每次修改後的精煉程度有關，以及設計者對於議題桌遊品質的自我要求。

項目	說明	檢視（V）	
		是	否
遊戲感受	我可以清楚地明白這款遊戲想要傳達的理念。		
	玩完遊戲後，我會想要了解背後的議題。		
	這是一款會讓我想要繼續玩下去的遊戲。		
	我在遊玩過程中非常的專注。		
遊戲機制	遊戲過程中，遊戲本身不會有死局的時候。		
	遊戲的過程大致上是公平的。		
	遊戲的規則是否清楚。		
	遊戲的勝負條件是否明確。		
	我可以有策略的遊玩這個遊戲。		
	我有很多的機會可以與其他玩家互動。		

三、快速實戰：模件化與遊戲評估

Mission：換你做做看

在此節，將帶著大家依循模件化的要點，從「回饋導向脈絡」來設計遊戲，完成「模件化實戰任務單」！

1. 目標

(1)設定議題資訊：學習對象、學習主題。

(2)規劃學習內容：條列內容概念。

(3)安排機制組成：機制運作、配件表徵。

(4)規劃規則結構：遊戲目標（勝利目標、回合過程）、情境設置（遊戲背景、扮演角色）。

2. 設計指引

(1)設定議題資訊：在議題資訊項目是填入此桌遊的對象，以及要傳達的學習主題，建議議題的主題不要太龐大。

議題資訊	對象：	學習主題：

(2)規劃學習內容：條列內容概念，並挑出一個核心概念，以及其他概念的重要性排序，此外，還要看這些概念是否有時序。另外，也分析這些概念的特性、對應的概念模型、知識向度。

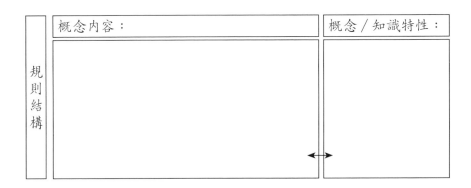

(3)安排機制組成：依概念重要性，確認要主動操控或被動結算，並
依循概念與知識的特性，安排與套用適當的機制。我們建議，讓
玩家進行操控的遊戲機制，有一個即可（基於核心概念），最多
兩個；而被動的計算機制，則依概念數量而定，也不宜過多。

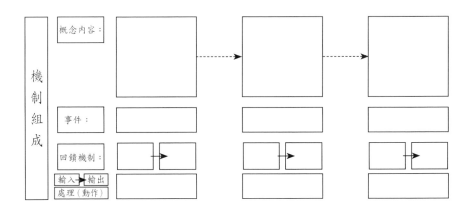

(4)規劃規則結構：制定符合時序的回合過程（階段、事件），以及
與學習目標相對應的遊戲目標；然後，規劃遊戲情境與玩家扮演
的角色。

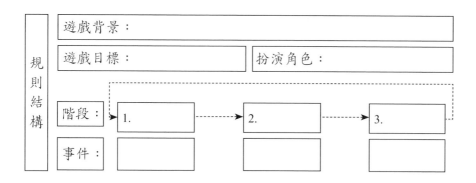

3. 任務完成

模件化注重玩家在操控機制時獲得知識，遊戲測試時需確保機制在知識的呈現和學習，還有遊戲是否能完整進行、目標與角色是否明確。當然，若是做為學習目的的桌遊，除了測試遊戲的完整性，還要確認遊戲是否能回應最初的學習目標。

4. 評估練習

設計完後，請讀者除了進行遊戲測試外，也應該嘗試使用表單來進行評估，請試著完成屬於這個遊戲的自我評估表，並進行自我檢視；也請試著在測試時，使用遊戲測試表，從測試人員中獲得回饋。

設計之後：桌遊的運用

設計完遊戲，就是對桌遊的評鑑與精緻。大量的測試是必經之路，做為以學習為目標的桌遊，測試和評估此桌遊的學習效果與趣味性即是重點。由於測試與精緻是相當實務層面的過程，除了基於六模化的概念，對遊戲進行自我評估外，也很重要的是他人遊完後的回

應；他人的具體性的回饋與建議，對遊戲的設計與修正有很大的幫助。也請讀者記得，謹守最初在設計此桌遊時的核心概念與目標，避免過於發散的修改。

此外，如果設計的議題桌遊會拿來進行教學，我們建議讀者設計完桌遊後，除了撰寫說明書外，也應該附上此桌遊在模式化的四個項目的設計。這可以讓使用者能更完整地了解你的設計目標、設計概念，也方便他們運用與主持桌遊；而且在教學現場中，能幫助他們構想延伸學習活動，讓議題推廣更加有力。

而如果讀者本身就是教育推廣者，除了具有設計議題桌遊的能力外，還需磨練自身將桌遊運用至教學現場的能力，適切地評估桌遊帶給學習者的成效！

四、議題桌遊在教學現場

一般來說，在實務現場中，議題桌遊的教學過程與常規教學相似，例如：引起動機、主要活動、精緻反思，但還是有屬於議題桌遊的適切的教學模式。由於桌遊是主要的學習過程與來源，遊戲的體驗會深深影響學習者的評價感受與學習成效，因此，教學者如何透過「遊戲中的主持」與「遊戲後的討論」來維持整個活動的進行，就顯得相當重要。

在這個小節中，我們會針對想在實務現場中，運用桌遊進行實務活動的讀者，分成兩個部分做教學建議；第一個部分是對教學者的建議，第二個部分則是對教學準備的建議。

遊戲不是玩完就好，過程的引導也很重要

議題桌遊的教學

　　在桌遊的教學實務中，議題情境的營造與回饋是桌遊而非教學者，情境中的主角是學生；因此，教學者應僅為「主持人」，而學習者是遊戲中的學習主體。基於教學者做為「主持人」這個身分，我們將遊戲的運用分成三個不同的歷程，來討論主持人的任務，分別是遊戲前、遊戲中以及遊戲後；這三個階段對應著不同的任務內容，也有不同的角色需要扮演。

1. 遊戲前

　　桌遊主持人為遊戲解說者，必須對自己所使用的桌遊非常地熟悉，建議可以將遊戲的流程，整理成幾個小點（重點式），或是將教學過程整理成不同的階段，做成小卡帶在身上。至於如何引發玩家對

議題的動機，可以是簡單的背景故事、影片等，讓玩家更好進入到遊戲議題中。這部分主持人可採用自己擅長的方式爲主。

　　遊戲前的解說，需要注意解說模式是否簡單、明瞭、清晰，時間也不能長，避免玩家注意力逐漸無法集中；建議主持人也可以活用桌遊配件、桌遊圖板的指示，一邊解說遊戲規則一邊聚焦玩家目光到遊戲上。此外，我們建議在活動人數多、大班級的解說，適合採取逐步教學的方式：主持人說明一個遊戲步驟，然後學習者執行這個遊戲動作。逐步教學應該至少使用一回合，或直到學習者熟悉遊戲流程後，再全權交給學習者主導遊戲進行。這樣的方式雖然進行起來會稍微慢一些，但是可以避免部分組別不懂規則的狀況發生，也能降低對教學助教人員的需求。

　　除了遊戲的準備外，主持人也應該在遊戲前針對議題，設計好學習單、問題引導等，讓學習者在玩完遊戲後的討論，可以更有效的做議題內涵的收斂。

2. 遊戲中

　　在遊戲的過程中，桌遊主持人應該做爲規則釋疑者，以一個旁觀者的角度，只講規則不講策略；不去干涉玩家之間的決定，讓他們自行探索遊戲。因此，遊戲進行中不宜主動提出策略，或當學習者提問時，也不應立即提供具體解法或行爲。直到一些情況發生才會介入。

　　那是什麼情況呢？通常是當遊戲因爲學習者無法建構策略或實施行動時，才藉由「提示」來促發學習者思考關鍵因素或行爲，來推動遊戲的進行。請記住，是「引導思考」而不是「提供解法」，這需要

主持人覺察差異且多加磨練。又或者是，發生像是誤解遊戲規則、玩家互動不佳或爭吵、甚至集體霸凌等意外狀況時，主持人便需要從中調節，以確保遊戲能順利進行為主。

此外還有一種比較少見的情況是，遊戲破壞者（Breaker）的出現。他們認為遊戲的勝負性並不重要，因此可能會在遊戲裡惡意破壞其他玩家的遊戲體驗；而有更少部分的玩家，若是在知道自己已經難以獲得勝利時，有時也會變成遊戲破壞者，蓄意破壞玩家間的遊戲排名。遇到這情況時，也是主持人需要點明並介入的。

3. 遊戲後

遊戲結束後，桌遊主持人將做為思考引導者。此時，遊戲前準備的學習單與提問就非常地重要，這關係到遊戲後的討論是否能促使學習者反思，建構他們在遊戲中對於該議題的認識。在正式開始討論前，建議主持人可以先請玩家們分享遊玩的心得，幫助他們提取個人在遊戲過程的想法和行為，然後再做討論。討論的提問，盡量採開放式的問題，以「食在好時」來舉例，它是一款有關農夫種植蔬果到市場買賣的遊戲，問題會像是：

是什麼原因，讓你的農作物變成廚餘的呢？

你是如何規劃市場買賣的策略呢？

在遊戲中，影響你勝負的關鍵是什麼？

如果可以再玩一次，你該怎麼做表現會更好？

除了請玩家們在組內彼此分享外，還可以挑幾位在遊戲中較活躍或是獲勝／失敗的玩家，請他們與其他人分享。有時玩家間分享的狀況不錯，可以再追問一些遊戲細節，例如：具體的議題核心成分或關係。

等到分享結束後，桌遊主持人才針對提問與學生回應做收斂，並對桌遊結果進行整體的評價，以及總結教學目標與議題系統。這樣的分享方式，可以讓桌遊實務的過程中，有更好的互動性以及思考性，最後，別吝惜你的讚美，多多鼓勵每一位玩家。

在這邊額外要補充的是，為什麼要在遊戲總結才說明教學目標，而不在遊戲一開始呢？因為，遊戲前若提到教學目標，消極的學習者可能會把心態放置在這個桌遊是「老師用來教學的工具」，而不是「學生體驗情境的遊戲」；而積極的學習者可能會為了達到老師的目標，熱烈的參與和表現，但這不是遊戲給的動機驅力。

教學活動的準備與安排

將議題桌遊運用到教學現場時，除了謹守教學原則外，還有一些在教學活動的具體準備與安排上，會需要注意的地方。我們提供經驗上的建議，讀者們也請就自己的教學對象做彈性應用。

1.遊戲前

教學者應確保每位玩家的參與感，在配件擺放與座位安排上，讓每位玩家能清楚看見遊戲全貌、而且距離適合拿取。如果想要記錄活動過程，需要確認攝影機的畫面是否滿足需求。

　　此外，教學者可能會想要進行遊戲效果或學生表現的評估，而對參與者進行前測，評估他們的背景；這時請記得前測需要在整個教學活動開始前實施。關於評量的內容與設計，我們會在下一章說明。

2. 遊戲中

　　主持人可以準備多媒體來敘述現實情境，將遊戲背景與現實生活做聯結，引發學生關注此議題。遊戲進行時，可以準備像是指揮棒的道具，方便在桌外指引遊戲進行或指示桌遊配件。

　　若遊戲存有大量討論、談判與協商的事件時，也可準備沙漏或時間提示道具，明確限制討論時間，以避免拉長遊戲的進行時間；在學習的效果上，也能鼓勵和刺激學生進行有效地表達與溝通。

3. 遊戲後

　　教學者可引用現實生活中的現象與數據，讓參與者將遊玩過程或結果類推到現實議題，並剖析議題系統的關鍵成分與關係；也可以運用科技來記錄遊玩過程的數據，製作成各類數據圖表，幫助學習者回顧、探討和省思遊戲過程的變化與原因，以及自身的行為與行動策略。

　　另外，教學者若想強化遊戲中的議題內涵，希望參與者能運用至生活中；這可以安排延伸活動，讓參與者能就現實議題的相關案例，進行分析和提出可能的解決方案與計畫。這也讓議題桌遊能運用至整合性的系列課程中，讓桌遊對於議題的學習與實踐更有延續性。

教學範例：5E 教學模式

　　只要掌握前面提供的要點，教學者便可依據教學需求和學生狀態，規劃任何適合的教學活動。我們簡單地提供一個教學的流程，供讀者參考。教學範例是基於 5E 教學模式，5E 教學模式是由教育學者畢比（Rodger W. Bybee）所提出，包含 5 個步驟：參與（Engagement）、探究（Exploration）、解釋（Explanation）、精緻（Elaboration）、評鑑（Evaluation）。「參與」的目的在於激發學生對學習任務產生興趣；「探究」的目的在於經歷真實的經驗，學習、發展和運用關鍵概念與技能；「解釋」的目的在於強化個人經驗與說明表達，將新舊知識和技能整合；「精緻」的目的在運用新知到新的場景，並能交流溝通；「評鑑」是教師或學生自我評估、展現成果。依據此原則，我們常用的議題教學方式如下：

1. 參與

　　可透過影片、簡報或文章等讓參與者能聚焦在現實事件與問題，以及與遊戲情境的關聯性，同時促發興趣或產生好奇心。在學生理解問題後，教學者可提問，例如「在影片中，提到乾旱可能是因為什麼造成的？」、「面對這些可能引發的水資源不足，我們可以做一些什麼？」，讓參與者覺知議題現況，也將此問題帶入到遊戲中，進一步探索解決方案。

2. 探索

　　教學者先說明遊戲規則，內容如前所述，說明遊戲背景、角

色、目標、流程、玩法等。然後讓學生自行在遊戲中經歷具體且有意義的學習體驗，獲得議題處理的科學、社會、人文等領域經驗，建立概念與發展技能。教師僅作爲遊戲細節說明者、進度掌控者，不過度干涉學生決策。

3. 解釋

即遊戲後的學生經驗分享，教學者將遊戲的結果紀錄，讓學生進行個人回顧和省思遊戲的經驗，然後進一步對學生拋出提問，討論結果差異或相同的地方與原因、遊戲困難處、困難解決方法等，提取和省視在探索階段所獲得的概念與能力，透過彼此分享補足所缺，並再次強化自身。

4. 精緻

教學者可透過影片、簡報或文章方式提供現實中與遊戲相似的情境與事件，讓學生思考與討論可進行的策略，促進他們將解釋階段後的概念和能力應用至相關的情境中。在桌遊學習的功用是再次思考與應用遊戲中所學習的策略，並將遊戲所學遷移至現實中。也可再次提問例如「若要運用遊戲所學到這個議題，請問現在的你們，可以怎麼做？」、「當你獲得相關資訊或有所困難時，會進行怎樣的解決方法？」

5. 評鑑

遊戲後可透過各種評估方式，評量學生在學習活動中和活動後在議題的表現，包括使用測驗卷測驗學生知識、使用量表讓學生自評態

度與省視行為；或透過教學者的觀察，評估學生的實際表現。這部分我們會在第七章「從 95 到 99：議題桌遊與它們的 Gains」詳細說明評量方式。

教學過後的省思

在教學後，主持人還是得不斷的省思，才能增進自己的教學技巧，讓參與者在議題桌遊中的學習，是自發的、主動的、自主的。可以思考的方向像是：

我的教學步驟是否明確？

教學過程是否可被複製、易操作？

玩家是否信任我這個主持人？

是否有提供適當材料引起學生對議題的投入動機？

我的教學是否有因應現場狀況？

我有沒有過度干涉遊戲的進行？

開放回答的時候，是否有鼓勵學生回答？

有沒有適當總結學生的回答？

是否有給予適當的提問，用相似情境讓學生思考？

是否有清楚地傳達該遊戲的議題理念？

有沒有更好的教學方式？

如果是大班教學，我該怎麼進行？

省思的過程是一個非常重要的過程，透過不斷地評估和反思，能在教學現場的主持與經營更如魚得水。

第七章

從 95 到 99：議題桌遊與它們的 Gains

　　前一章「議題桌遊與它們的 Future」基本已說明了六模化的概念以及議題桌遊的設計思維，還有桌遊運用至教學現場的主持思維與準備。

　　此章將說明我們應該關注參與者於議題桌遊中，能夠得到哪些學習收穫與表現（Gains），也會提供實際的方法來評估這些表現；包括對知識系統、情意態度、技能展現、議題行為和遊戲表現的評估。

　　我們建議在閱讀此章時，聚焦思考：我關注參與者的何種表現？

一、評量與用途

　　在規劃議題桌遊帶給參與者預期的議題內涵後，我們該如何去評估參與者的表現與行為？評量是實施教學不可或缺的一部分，它幫助我們評估特定對象的特定表現。美國課程與評量專家泰勒（Ralph W. Tyler）曾提及，「課程、教學和評量三者彼此的關係是均衡正三角形。」當其中的一個面向改變了，其他兩個面向一定要隨之調整，否則這個正三角形將會無法維持、失去平衡。因此，當議題桌遊用在教學現場時，除了熟稔教學主持外，還需要思考評量的應用。評量除

了獲得學習者的學習表現，評估的結果也是我們調整和修正遊戲的依據。

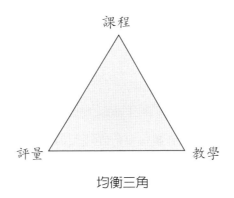

均衡三角

在傳統教學歷程中，評量常被認為只能在教學過程中的最後一個階段實施，用來評估學習者的學習表現，並做為一個教學的句點（線性模式）。然而，評量的作用不是教學的結束，功能也不僅於此；國家教育研究院教育大辭書中寫道：「評量是取得資訊，進而形成判斷，並據以作成決定的過程。」簡單來說，我們可以在教學過程中依目的實施各種評量，從中取得和了解學習者的學習成效、學習困難、教學效率等資訊，然後分析和修正整個課程與教學（循環模式）。大辭書也簡單歸類出評量的功能：

1. 了解學習者的學習狀況，作為判斷學習者吸收程度的依據。

2. 了解學習者的學習困難，作為補救教學及個別輔導的診斷。

3. 了解學習者的學習動機，作為學習者自主學習的觸發。

4. 評鑑教學者的教學品質，作為教學者改進教材與教法的參考。

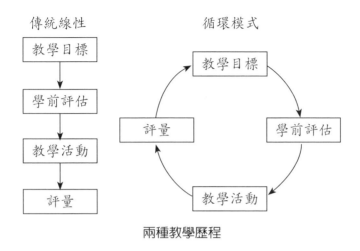

兩種教學歷程

　　評量是「教學者的教」與「學習者的學」的回饋，基於目的與功能，評量本身應該反映多元性的效果與應用，趨向注重彈性的、能夠變通的、多元化的評估方式；而評量的運用是一個動態的過程，隨著教學活動的進行，每個階段會有各種適合當前教學活動與目的的評量模式，而由此延伸出像是：另類評量、動態評量、實作評量、歷程檔案評量等評量。

　　為提升國民素質與國家實力，近年來臺灣教育由原先的知識能力導向，轉為以「全人教育」、「核心素養」為發展主軸。議題桌遊呈現擬真的生活情境，讓參與者能運用所學在遊戲中解決問題；因此，評量應注重參與者在遊戲中的表現和遊戲後的獲得，隨時了解學生學習情形、改進桌遊內容與教學主持，可運用例如：觀察、口頭回答、自評表、測驗卷、行為表現評量、訪談、或歷程檔案等多種方式進行。我們使用的評量形式，應該視議題性質與教學目的決定；此外，除了由教學者做為考評者之外，也應該輔以學習者自評、學習者互評。

在後續的小節，我們就學習者在議題的表現，以議題的內涵分成四個小節來說明，分別是「系統結構」的認知評量、「價值態度」的情意評量，以及「能力表現」和「行動表現」的技能評量。此外，我們還有第五個小節，是評估學生在遊戲中的「參與狀態」的評量。

二、議題系統與評量

為什麼要做議題系統的評量？

議題是複雜社會運作的縮影，而議題系統則是在不同議題下的知識體系與概念。有意義的知識學習，需要經過系統性的統整，找出概念與概念之間的關聯性，並予以融會貫通。藉由六模化，我們能設計具這樣的學習情境的議題桌遊，然而，要了解學習者的學習狀況，並進一步改進教學主持，進行評量是必要的。

在第六章，我們有稍微提到教育學家安德森（Anderson）等人修訂了布魯姆提出的知識面向，產生新的認知教學目標，將其分為：「知識向度」與「認知歷程向度」兩種向度。其中，「知識向度」指的是不同的知識類型，包含：事實知識、概念知識、程序知識，以及後設認知知識；而「認知歷程向度」則是大腦對知識的處理方式，為：記憶、了解、應用、分析、評鑑與創造六個階段，此階段具有階層性，每一個較低階層的類別，都是掌握下一個較高階層的類別之先決條件。六個認知歷程向度所指的內容如下：

1. 記憶：從長期記憶中提取相關知識。

2. 了解：從教學訊息中建構出意義，建立所學新知識與舊經驗的連結。

3. 應用：面對某情境使用程序（步驟）來執行作業或解決問題，與程序知識緊密結合。

4. 分析：牽涉分解材料成局部，指出局部之間與對整體結構的關聯。

5. 評鑑：根據規準（criteria）和標準（standards）作判斷。

6. 創造：涉及將各個元素組裝在一起，形成一個完整且具功能的整體。

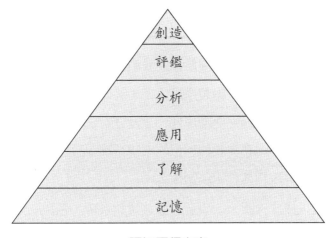

認知歷程向度

　　議題具有時代性、脈絡性、變動性、討論性與跨領域等複雜特性，對議題的認知學習即強調知識的靈活運用和生活的應用，也就是上層四個較高階、複雜的認知歷程培養。基於此，評量方式應該結合生活應用情境，並強調閱讀理解、邏輯推論、圖表判斷、批判思考，以評估學生是否有將所學知識融會貫通，並具統整、歸納、分析、說明、創造與表達的認知能力。

如何進行評量？

　　傳統的是非、選擇或填空等評量方式，大多反映著記憶和了解這個層次，雖然能快速施測、得到回饋，然而通常較難反映高階的認知能力，且可能無法測量學習者的真實狀態。在複雜的議題系統中，這樣的評量可能難以達到議題學習的目標；此時，就需要一種能進行評量「系統」、「結構」的工具。最基本且方便操作的有「概念構圖」評量，也就是我們在第三章的模擬化時，繪製概念結構與系統回饋所使用的圖像。

　　在設計桌遊時，概念構圖能協助我們描繪議題系統；用來做為評量時，可以讓學習者嘗試繪製議題系統，我們就能從中評估他們對於概念與概念之間的關聯性與階層性，以及在系統中的組織性。而如果學習者能在圖像中繪製與我們相似的系統結構，也可以視為他們已經初步能統整、分析和系統化議題內容。

　　我們常以概念構圖來讓學習者描述議題系統，包含成分間的階層關係、因果關係等，在此，說明我們進行評估的內容：

1. 成分：議題系統中的單一的物件或事件，可能是名詞、動詞，或是形容詞。例如：二氧化碳、大氣溫度、工科業、汙染等。
2. 連結：使用關係詞連結成分，構成命題，使其有完整的意義。例如：二氧化碳影響大氣溫度、工科業產生汙染、人類捕獵野獸。
3. 階層：使用具從屬性質的關係詞，構成具有從屬關係的命題。例如：人類屬於動物，這包含動物和人類這兩個概念，具階層關係。
4. 交叉連結：橫跨不同群（或不同階層）的概念的連結之命題。例如：汙染會影響人類生活。

使用概念構圖評估時，會先繪製專家構圖（教學者認為的結構），做為評估學生所繪製的圖像的評量樣板。但在評估時，並不會完全以專家構圖做為唯一答案，應該適當地檢驗學生每個命題的合理性和正確性。我們也可以輔以開放式的情境題，來知道學生在認知歷程向度的更多表現。

如何設計評量？

使用概念構圖評量時，會使用開放的問題，請學生列出概念，以及概念間的關係。也會使用一些屬性詞或提示，來讓學生聚焦在我們希望他們寫的範圍，避免太過發散。我們以藍晶方舟為範例，題目可能是：「請你從『供需』的角度，寫下會影響可用水的因素，以及這些因素間的關係。」然後，我們會依此題目，先繪製專家構圖（簡單的範例）。

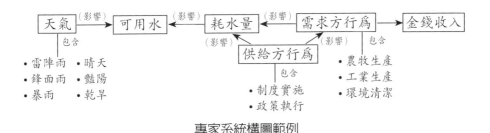

專家系統構圖範例

基於議題系統，我們可以從幾個面向來評估學生所繪製的概念圖：(1) 概念成分的數量與適切性、(2) 回饋關係的數量與正確性、(3) 階層關係的數量與適切性、(4) 另外，記錄缺乏的概念與命題。將學生的作答與專家概念圖相對應，給予各面向的正確量計數。

　　例如：有一位學生繪製了圖，則記分如下：

1. 概念成分：評分不牽涉關係，因此有 5 個因果成分，5 個項目成分
（雖然政策執行並非需求方行為，但確實與水資源有關）。

2. 回饋關係：3 個回饋關係（耗水量和需求行為之間的回饋是錯誤
的）。

3. 階層關係：4 個（政策執行並非需求方行為、沒有階層關係）。

4. 缺乏：天氣對可用水的影響、天氣的種類。

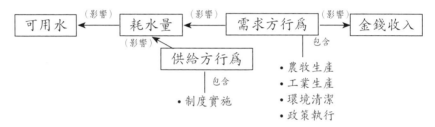

學生測驗系統構圖範例

換你做做看

　　請讀者試著用在前面幾個章節所設計的議題桌遊，以該議題
的主題設計概念構圖的題目，並繪製專家構圖；同時，畫出一個
學生範例，並試著為他評分。

小結

　　在真實生活環境中，知識並非片段或各自獨立的，利用能評量學
生的知識系統結構的評量，我們才能了解學生對議題脈絡之理解完整

性與系統性；也才能找出其可能的另有概念與缺乏之處，提供修改遊戲內容與自身的教學主持的參考。

三、議題情意與評量

為什麼要做議題情意的評量？

　　細數過往教育階段大多是屬於理論認知的課程，過度重視學科知識上的學習；然而，常被忽視的情意，才是我們進行學習、自省、反思的主要動力。由人本主義教育哲學觀的角度來看，教育和學習的應注重個人的內在心理歷程、情緒與價值判斷，以健全的適應生活。由心理發展學家加德納（Gardner）提出的多元智能理論，除了語文、數理邏輯、空間、肢體動覺、音樂與自然探索，也強調人際智慧與內省智慧，此即說明了情意層面之重要性。教育心理學家克拉斯沃爾（Krathwohl）也將情意表現分作五項具體的層次，這些層次會在學習者自我學習的歷程中不斷地出現，藉以形成獨特的價值觀與態度。如下：

1. 接受：指的是學習者會選擇性的注意教學者傳達的價值觀與態度。包含：被動覺知、願意接受、選擇性注意（主動注意）三個層次。

2. 回應：指學習者除了主動注意教學者傳達的價值觀和態度外，更是提出相對應的回應或行為。包含：等待回應（勉強回應）、願意回應、滿足於回應（樂於回應）三個層次。

3. 珍視：為對所學的價值概念產生思考與判斷，產生自身的價值與重視，進而接受價值、偏愛價值、覺知承諾。

4. 組織：指學習者已將所學的價值觀與態度將自己過往的經驗有所結合，發展出有組織的情意系統。

5. 納入價值：為學習者將以學習到的價值觀與態度融合到個人的人格特質中，在日常生活中會不經意的表現出來。

　　情意涉及態度、價值與鑑賞，有許多評估的面向，端看學習目標為何、是否符合議題內涵，有許多研究論文或實務問卷都可參考。例如：基於計畫行為理論的行為態度、自我效能、行為傾向等面向的自評；基於學習動機理論的學習價值、學習策略、自我效能、成就目標等；基於行為意向的主題認知、態度認同、行為傾向等。

　　議題涉及個人立場，因此個人對議題的態度和價值觀尤其重要，我們可以從評量學習者的議題態度，了解其個人特質；基於計畫行為理論，也能推測其可能的行為傾向和議題行動。我們會希望學習者能在遊玩議題桌遊後，能基於議題內涵在個人情意而有所珍視、組織甚至納入價值，進而表現在真實生活中。

如何進行評量？

　　凡是涉及內心層面的回應，皆是情意的範疇，例如：情緒、價值、態度、動機、行為企圖、道德觀念等，因此，情意的評量是用來了解受試者的內心狀態；狀態並沒有對錯之分，而是屬性的不同，例如：有人比較內向、有人比較外向；有人對水資源議題有興趣、有人則不感興趣。

與具體的認知和技能表現相比，情意的表現相較抽象，是不容易進行測量的。因此，在進行情意的評量時，我們通常會將內心的狀態表現轉化成具體敘述，再讓學習者自我評估。最常被運用的情意評量為受測者自評（或稱自陳式量表），例如：李克特量表、自比式量表、賽士通量表。

評量	說明
李克特量表	提供特定情境下的內心狀態敘述，以及對應的正向／負向程度選項，要求受測者就敘述選擇符合自身的程度。
自比式量表	提供一項情境，以及對應情境的多個狀態敘述，要求受測者從中選擇一個最像（或是最不像）自己的敘述。
賽士通量表	類似李克特量表，但並非將程度做為選項，而是依程度給予相應的具體陳述，要求受測者選擇符合自身的陳述。

我們團隊最常用來做情意測驗的方式為李克特量表。李克特量表是由美國心理學家倫西斯·李克特（Rensis Likert）所開發，他認為比起只有「是」或「不是」兩種選擇的答案，更希望找到一種能夠系統性衡量個人態度的方法。於是，他開發出一種總加量表，要填寫者對評量所列出的陳述題項，給出一個反映其認同程度或者主客觀評價的數值分數；並且，這種量表可以加總得分，衡量填寫者的整體態度。

李克特量表是一個封閉式的強制選擇量表，提供從一個極端到另一個極端的系列程度選項，例如：從「非常」到「非常不」，中間可以有「稍微」、「普通」、「稍微不」等數個程度的描述，程度的數量依評量目的和對象而異。由於此量表製作較為簡易，在計分及後續

資料分析上也很方便，因此廣泛用於心理學和其他社會科學研究。

如何設計評量？

　　李克特量表的編制需創建一組線性的程度語詞，讓受試者能依照自身的符合程度進行選擇。其作法是先將與測驗目標有關的具體敘述條列出來，在其後方加上數個等級，然後在各等級寫上適當的自評程度語詞。常見的自評程度語詞，例如：5點式量表可以有「非常同意」、「同意」、「沒意見／普通」、「不同意」、「非常不同意」。另外，也可使用具有頻率表意的自評程度語詞，詢問個人做某事的頻率，例如：「總是如此」、「經常如此」、「偶爾如此」、「很少如此」、「從未如此」等。

　　那究竟該需要幾個等級的程度語詞呢？最常用的是四到七級自評程度語詞，但其實對於自評程度語詞的數量並未有一定的規定，端看每一次的測驗目標、填寫對象而有所不同。其中，奇數點的自評程度（例如：五點式、七點式）具有被視為中性的選項，受試者可以選擇中間項「普通／不表態」；如果測驗目標是想要受試者在某一端「選邊站」，則應該使用偶數點的量表（例如：四點式、六點式）。另外，小學生不宜太多程度的評估，因為他們較難以辨識差異，建議四點或五點程度；若對象是中學生或成年人，則可以採用六點或七點程度。

　　下表是以「水資源」為議題主題情境，採用李克特自陳式評量在各類情意面向的題目：

題目敘述	非常同意	同意	不同意	非常不同意
1. 只要跟水資源有關的議題，都會讓我感到熱血沸騰。	4	3	2	1
2. 我認為水資源議題不只是專家學者的專業議題，跟我也很有關係。	4	3	2	1
3. 我認為關注耗用水資源所帶來的價值產量，應該更重於水資源的耗用量。	4	3	2	1
4. 我願意參加社區水資源環境清潔活動，讓居住的環境更加乾淨。	4	3	2	1

　　當量表建置完成後，就可以用來了解研究對象對某一特定議題的態度與價值觀。此種自陳量表的計分方式非常地簡單，只要將每一陳述句中，受試者所選定的答案（符合其想法的程度）轉換成分數，以平均的方式加以計算，即可描述他們的態度與價值觀的輪廓。

換你做做看

　　請讀者試著用在前面幾個章節所設計的議題桌遊，以該議題的主題與學習目標，設計情意面向的李克特自陳式量表；我們也建議可依循克拉斯沃爾的情意五層次，挑選其中一個層次來試著設計量表。

小結

　　在學生學習的歷程中，知識的學習與統整固然重要，但情意層面之培養也是不容忽略的。一個人對事物的態度與價值觀將影響他判斷事物的標準，雖然情意的表現無對錯之分，卻可以進而影響他的行為與表現。因此，教學者應適時地進行情意評量，除了評估學生，也審視自身之教學。

四、議題技能與評量

為什麼要做議題技能的評量？

　　在一個議題情境中，除了可以運用個人的知識、體現個人態度與價值觀外，亦是展現技能表現的機會。議題關注在各種答案或方法背後的觀點，進而判斷、選擇和實施對應的策略與行動；而策略和行動的選擇依準，就涉及到相關技能的控制和執行程度，也就是計畫行為理論中的「行為知覺控制」。

　　根據「核心認知與社會技能評量規準彙整表」整理，可分為基本認知技能、高階認知技能、後設認知技能，以及社會互動技能。個人面對議題時，除了應具有界定問題、觀察、資料蒐集、分析比較等基礎技能，若能有重組建構、行動規劃、決策等高階技能，也能有利於處理議題。更重要的是，議題為社會互動下所建立的，因此，議題學習在「社會互動技能」也應是重點，例如：組織協作（例如：團隊間的分工合作、做好自己的角色扮演）、相互理解（例如：同理別人與

自我表達）。

　　將議題桌遊運用在學習，除了應該對認知及態度面向進行評量，技能的表現也是評量重點，好幫助我們更全面地對教學與課程進行評估與精進。

如何進行評量？

　　加德納（Gardner）提出的多元智慧的觀點，即指出人類在生活中，是需要靠各種不同的智慧來適應生活、解決問題；這些智慧的眞實表現難以透過選擇或問答測驗中評估，而是需要在一個眞實的情境下，由個人展現出所學之技能，例如：實際執行一項任務、解決一個問題、實施一個活動。由於議題技能評量多是針對學習者在程序性知識與實際行爲的表現進行評估，因此評量通常隨著整個活動進行，並著重整個執行的過程以及最後的執行成果。也因爲是評估學習者當下的表現，因此，技能評量多仰賴教學者／評分者進行評量，而不是學習者自評。

　　爲了使評分更具客觀，需要事先依據技能類型與表現程度，訂定相對應的評分量表，以供評分者進行評分。常見的技能評分量表爲：行爲檢核表、評定量表。我們可以使用行爲檢核表，來評估學習者「有」或「無」實施特定技能或動作；但就議題學習上，我們更建議使用評定量表來評估技能的表現程度，因爲有程度的比較才能評估在眞實議題的處理的控制性和有效性。在程度的劃分上，根據辛普森（Simpson）提出的技能領域分類，可依目標分爲七個不同層次，分

別為知覺、準備、引導反應、自動化（又稱機械）、複雜反應、適應與創作。定義如下：

知覺：個體用感官注意到物體、性質或關係。

準備：對於動作或經驗之前，心理、身體和情緒的準備狀態。

引導反應：在示範者的指導下，所表現的明顯行為或反應。

自動化反應：所學動作熟練達到習慣，不需特別注意即能表現出自動化的反應。

複雜反應：能夠操作複雜的動作，順利而有效。

適應：能夠配合情境的需要，改變技能的組合去解決問題。

創作：能運用動作技能創造新的動作及處理問題情境的方法。

前面兩個最低的層次是屬於無法觀察、為個人感官及心理的意象，接下來的三個層次是各種動作的程序，能藉由學習而產生複雜的外在反應；最後兩個層次，則是動作反應的熟練和動作類型的創造。

如何設計評量？

在進行技能評量前，首先需要決定想要評量的技能和內容，也就是想觀察的能力表現為何；並規劃相關的情境，讓受試者得以發揮。情境的設定相當廣泛，舉凡動手做出成品、解決問題、達成指定任務等，都是能實施技能評量的範疇；而議題桌遊已建立了良好的主題情境與事件處理，即可提供教學者進行擬真情境的議題技能評量。

在決定技能內容後，是建立評分規準，良好的規準才能針對行為動作做出有效且具客觀性的評分。具體的編制過程如下：

(1)訂定實作評量的目標：說明檢核表之評量目標。

(2)技能訂定：將欲觀察的技能或能力列出。

(3)程度評分：加上不同表現程度的敘述，並給予等第制、分數式、描述式、圖表式等評分表現方式。

　　我們以藍晶方舟為例子，它是一款需要大量溝通表達的議題桌遊，因此我們以個人的溝通表達能力做為評估目標之一，評定量表範例如下。在範例中，黑字為量表已先設定好的規準，藍字則為教學者在觀察學習者後記錄的評估結果。

姓名	評分	備註（行為觀察具體描述）
小明	2	有精確地說出為何水資源是重要的，但他沒在聽別人的想法。
阿美	4	在水資源沒有的時候，能提出自己對存水方法的想法，並且有聽別人說話，並針對方法進行對談。
評分	描述	
5分	能適時且完整地表達自己的想法，並與他人進行有效的溝通。	
4分	能適時且完整地表達自己的想法，並與他人進行有意義的溝通。	
3分	能正確地表達自己的想法，並與他人進行有意義的溝通。	
2分	能正確地表達自己的想法，但未能與他人有意義的溝通。	
1分	能初步地表達自己的想法，但未能與他人有意義的溝通。	
0分	無法表達自己的想法，未能進行溝通。	

> **換你做做看**
>
> 　　請讀者也試著用前面章節所設計的議題桌遊，以該議題的內涵與學習目標，設計用來評估議題技能的評定量表。

小結

　　議題技能的展現為一個動態的過程，更是將所學知識（不論是陳述性知識或是程序性知識）好好融會貫通、實際表現的機會。技能評量在實施上並非容易，但是是進行議題學習評估時非常重要的一環；唯有於真實情境下實施的技能評量，才能測得學生真正的能力。

五、議題行為與評量

為什麼要做議題行為的評量？

　　The Simply 公司的創辦人辛格（Lauren Singer）陳述自己在大學發現自身的生活方式其實都在對地球環境造成威脅後，便開始過著零廢棄的生活；他除了以這樣的生活型態展現其個人的觀點與行為，也在個人部落格與經營的事業中，提供人們一些實際且便利的減少垃圾量的方法，鼓勵大家共同為生活中廢棄物的減少來努力。2018 年瑞典的童貝里（Greta Thunberg）在議會外手持「為氣候罷課」的標語，要求瑞典政府根據巴黎協定減少碳排放量；持續的行動引發社會大眾對於氣候變遷議題的討論，也帶動超過 100 個國家與上百萬名學生響

應其活動，促使各國政府重新檢視年輕世代對於未來環境的訴求，並思考環境永續之發展。

在這些例子中，我們可以看到他們將自身對議題的看法，化為眞實地行爲展現在生活中，甚至進而影響到群體對議題的關注；而這些也都是我們在實施議題學習時，相當重要的目標，也是評量的重點。然而，要追蹤和評估參與者在現實的行爲，是相當困難的，在這本書我們並不深談。我們基於學習遷移的可能性，改以評估他們在遊戲中的行爲表現，是相對容易執行且有一定效用的。

學習遷移是指學習者能將學習活動中所學到的知識、態度與行爲，應用在生活中；而我們認爲，若議題桌遊提供參與者能在遊戲中依自我意願選擇並實施議題相關行爲的環境，則當他們在生活中遇到相似情境時，也可能會採取類似的行爲。也因此，我們傾向透過實施具有擬眞情境的議題桌遊，來評估學習者在遊戲中的議題行爲。

議題桌遊應該提供玩家各式行為選項

如何進行評量？

　　有關行為的評量，也如技能的評量是屬於實作（行為）評量：讓參與者身於真實或擬真的情境中，來觀察與評估他們的實際表現。實作評量強調知識的運用、適用與統整能力，從真實的操作中評估綜合能力。常見的量表有：成品對照表、軼事紀錄、行為檢核表，以及各種評定量表。其中，成品對照表是基於任務的完成程度，來進行能力判斷；軼事紀錄為一種描述式紀錄，將整個教學或評量的過程作特定的行為描述；行為檢核表用來評鑑行為的「有」或「無」；評定量表則提供行為程度上的等級或分數，而後兩者量表也可以另外增加行為次數等資料。

　　教學者應當在遊戲進行時，當場觀察與評估參與者的表現；但在人數眾多的活動中，就會相當難同時評估，此時，可以增加觀察員，或是讓參與者在事後自評。另外，我們也建議教學者可以透過錄影或錄音，記錄遊戲進行時參與者的行為表現，在事後進行分析。

　　為了能判斷參與者是否有執行與特定議題有關的行為，應在遊玩前列出此議題桌遊所關注的行為，包含正向行為和負向行為，例如：有／沒有做出省水的行為、有／沒有發表個人主張、願意／拒絕與他人協商等，然後在遊戲進行時去評估和記錄。至於如何了解參與者在活動後、活動外的行為呢？這是較難評量的，但我們可以簡單的利用一些質性評量方法，例如：進行完議題桌遊後的訪談，來對他們的遊玩過程以及將來的議題行為意圖，作深入的了解。

如何設計評量？

1.行為檢核表

我們帶大家練習設計的是行為檢核表，它常利用在學習者於學習過程中所表現出的行為檢核，也廣被利用在許多疾病診斷（心理師、精神科醫師）、操作技能測驗（體育、駕駛）等。編製過程需先進行行為分析，也就是拆解整個學習活動或評量的歷程，條列出一系列的行為；而每個行為細項，都代表著該項行為的重要過程或表現。再來，會加上「是」或「否」兩個選項，讓評分者就學習者是否表現出相對應的行為，進行勾選。量表發展過程如下：

(1)訂定實作（行為）評量的目標：說明檢核表之評量目標。

(2)行為分析：將行為目標拆解成幾個重要的行為細目。

(3)檢核表編制：加上特定的敘述語詞，並在各個行為表現欄位旁邊，放入「是」、「否」或「有」、「無」等二元計分欄位。我們通常會加上一欄「難以判斷」，讓我們可以在事後追蹤與釐清這些活動當下難以判斷的行為。

我們以「藍晶方舟」桌遊為範例，由於主題是希望參與者能表現出水資源的保護行為，因此專注在相關行為的檢核與觀察。

題目	是	否	難以判斷
有採取行動支持工科業組織生產省水電器／裝置。			
決策時，有考量和提到水資源、可用人力資源和金錢資源。			

題目	是	否	難以判斷
當有組織不顧其他組織的需求而無限制地取水時，有採取行動提出異議。			
有採取行動支持研發水資源科技或醫療科技，即便研發科技需要耗用相對的成本（工人、金錢）。			

2. 訪談紀錄表

　　藉由訪談，訪談者能持續和即時地與受訪者互動，來獲得想要的資訊。訪談紀錄表的範例如下表，首先，背景資料包含時間、地點、訪談者、受訪者；而為了能把記錄表給予不同訪談者使用，訪談所需注意事項必須陳列於表格中，以確保訪談進行的品質。

　　在切入訪談的主題前，可先用一些以拉近雙方距離為目的的問題（破冰問題），來促發受訪者的回應意願；之後，再進行三到四題的主題問題。問題的問法建議由淺至深，才能讓受訪者能逐步地思考與回應訪談者的提問，適當地陳述自身的想法。最後結尾時，應該對受訪者願意受訪之事表達感謝；這是應有的禮貌，也能創造之後還能再深入訪談的可能性。

時間		地點	
訪談者		受訪者	
注意事項： 面帶微笑、主動打招呼，緩和受訪者的緊張心情。 記下主要的回應，若有模糊之處，可請受訪者重述該字句。			

訪談問題：
1. 在學校老師有帶你們玩過哪些桌遊嗎？或是你自己有玩過哪些覺得設計的很棒、很好玩的桌遊嗎？（破冰問題）

2. 我們玩的桌遊，有哪些同學的想法，讓你印象最深刻？為什麼？你對這些想法的看法如何呢？你覺得哪些想法是可行的？

3. 你會想要在生活中實現這些想法嗎？為什麼？你覺得實施這些想法時可能遭遇到的問題有哪些？你會怎麼解決呢？

結語：謝謝○○○同學能夠參與這次的訪談，讓我們能夠更了解參與同學的想法，這些想法將做為未來改善桌遊的設計，如果之後有機會再跟你請問相關問題。

換你做做看

　　請讀者也繼續用自己所設計的議題桌遊，以該議題的主題與學習目標，試著設計行為面向的行為檢核表：先訂定評量的目標，將預計觀察的行為做剖析！

小結

　　實作評量在於評估學習者在情境下的行為評定與檢核，訪談則探知學習者在遊戲中的行為脈絡，以及生活中的行動傾向，兩者可互相搭配驗證；同時，教學者也應隨時依據評量結果，調整自身的教學主持。

　　值得注意的是，當議題桌遊作為實作評量的模擬情境時，參與

者的行為表現可能是就「玩遊戲」來思考，而非「議題處理」；這提醒教學者在進行行為評估時，不能武斷地認定參與者所展示的行為都是對議題的反應與處理。因此，在評估時還需考量此行為是基於「遊戲」還是「議題」，甚至有可能是混合的；教學者除了從行為觀察外，還需從目的、言語、與他人關係等，判斷其行為脈絡之依準。

　　在此，我們分享參與者就「玩遊戲」的可能行為（傾向），供讀者了解。遊戲設計師巴托（Richard Bartle）認為這可以被劃分為四種類型，分別是：試圖精通遊戲系統一切的成就者、探索世界不積極專注挑戰的探索者、尋求互動對話和建立夥伴關係的社交者、崇尚競爭並以破壞其他玩家樂趣為樂的殺手。讀者可以依此來判斷行為表現。

六、遊戲參與狀態與評量

為什麼要做遊戲參與狀態的評量？

　　當我們設計好議題桌遊，期望遊戲能傳達議題內涵、學生從中學習；於是將遊戲帶到課堂去，分配組別、說明規則、實施遊戲，可是，學生真的想要玩嗎？我們為了促進學生投入，在課室中說明玩第一名就有獎品獎勵；我們讓學生遊玩，希望引發動機，結果玩完一次後，就沒有下次了，學生是真的想玩嗎？

　　遊戲很重要的是「自願性」、「非功利性」、「社群性」，雖然議題桌遊能達到學習效果是重要目標，但遊戲所應具有的本性，也不應該偏廢；否則，這只能稱為議題教材，而非遊戲。參與者帶有正向

狀態參與在遊戲中，才能視為他們是自主地、投入地在遊戲遊玩中。此外，當他們是自願性的、非功利性的投入在遊戲中，在遊戲的態度與行為才是屬於個人意志的；我們也才能相對客觀地使用評量來評估其表現，並藉由他們的表現與狀態，來評估和調整議題桌遊的設計、教學的主持等。

如何進行評量？

遊戲中的狀態與表現，需要藉由觀察和判斷學習者的外在表現，進而評估他們的參與狀態。例如：就遊戲的自願性、非功利性、社群性而言，可以觀察參與者是否在遊戲中開始主動思考和操控、自由開始設定目標並規劃策略、遊戲中和遊戲後會相互討論遊戲內容，甚至想再次遊玩。

在此節，我們基於議題的特性和學習的觀點，提供幾種議題桌遊中的參與狀態和行為表現，以及對應關係，供大家參考。參與狀態是指個人內裡的意識與思維，包含：放棄、無趣、鮮奇、目標、發展、外交；行為表現則是個人外顯的行為與動作，包含：退出、荒業、探答、抉擇、變動、社會。

這些狀態與表現並非有次序關係，玩家在遊戲中的參與狀態會因為對遊戲／他人的感受而一直變動。此外，一個狀態會有多種表現，而一個表現也不僅能反映一種狀態，例如：目標狀態可能有探答表現、抉擇表現或變動表現；荒業表現可能反映放棄狀態或無趣狀態。

後述只是用相較高的對應性來說明，在現場我們還是得要靠其他

資訊來判斷參與者的狀態與表現，例如：用詞、語句、口氣、細部動作、表情等。

1. 放棄狀態與退出表現

指玩家不願意進行遊戲的狀態。通常因遊戲中連續或嚴重地無法控制的挫敗感而致，例如：在具互動性的情境中受到不公平待遇（其他玩家聯合攻擊）、在具策略性的情境中因隨機性導致的失敗、挑戰過於艱困而喪失信心。在此狀態下，常會有諸如表明離開遊戲、執行不具勝利目的的行為等退出表現；也代表著學習中斷。

2. 無趣狀態與荒業表現

指玩家對贏得目標或遊戲本身不感興趣的狀態。通常因遊戲的類型或議題內容並非個人喜好、在遊戲中的過程感到不佳的體驗（例如：等待時間長、回饋設定不合理等）、或是遊戲的挑戰太過於簡單所致。常會有與目的達成無關的行動、與桌遊不相關的行為、或與玩家間的交流平淡敷衍等荒業表現。在無趣狀態下的遊玩，難以達成自主學習的效果。

3. 鮮奇狀態與探答表現

指玩家好奇、想了解遊戲的規則或體驗遊戲情境的狀態。通常是在玩家剛遊玩桌遊時具有，反映玩家不排斥此桌遊的情境設定或規則設計，願意嘗試進行此桌遊。持有新奇的情緒反應，會有向其他玩家或桌遊主持人詢問遊戲的細節（動作意義、卡片用途、行動條件等）、判讀配件資訊、測試機制回饋的過程與結果等表現。在此狀態

下，容易促發參與者在操控回饋機制的同時，體認對應的議題概念。

4. 目標狀態與抉擇表現

　　指玩家在遊戲設定有自我目標，並構思達成目標的方法的狀態。通常是玩家已經了解遊戲規則，自覺可以接受和處理挑戰，自主投入在遊戲中。這代表遊戲所設定的目標明確、挑戰程度接近玩家程度。遊戲中會具有明顯的目標與立場，會以達成目標爲目的，思考和抉擇應對的策略或方法。在此狀態下，容易促發參與者認知議題的脈絡與因素間的關係。

5. 發展狀態與變動表現

　　指玩家想要更了解遊戲全貌的狀態。通常是玩家已能確認基本的目標以及掌握滿足該目標的方法，開始嘗試各種獲得勝利的方法；或給自己制定各種目標或挑戰。這代表遊戲的回饋明確且提供玩家彈性發揮的空間，也可能是遊戲符合玩家的喜好所以想更熟悉。基本上會具有執行不同策略、關注他人動作等具體表現；或是，碰到每個事件時的考量與行動更爲多元。在此狀態下，容易促發參與者建構議題的系統與結構。

6. 外交狀態與社會表現

　　指玩家會與其他玩家互動、交流的狀態。通常是將玩家本身視爲遊戲世界的一部分，會與遊戲的目標和進行有關；也認爲玩家間會相互影響。這代表遊戲有提供玩家互動的機會與環境。通常會具有遊戲事件中的攻擊、交易、阻礙或合作等行爲，或是遊戲外的對話、溝

通、衝突、協商等互動表現；觀察他人、主動保持低調也視爲外交狀態。在此狀態下，容易促發參與者覺知個人定位、群體關係以及議題社會性。

議題桌遊重要的核心：玩家互動

如何設計評量？

　　由於參與狀態與行爲表現是在遊戲進行中所體現，紙筆紀錄評量會打斷當下的狀態，所以難以直接實施。最直接的方式是觀察，觀察學習者的外在表現行爲來評估學習者的參與狀態；或使用開放式問答，提出與遊戲內容或個人思維有關的問題，從他們的情緒反應和回答內容來評估其學習狀況與想法，然後依其狀態調整說明內容、教學步調、主持方式。也因爲是活動中的即時評估，評量的實施需靠教學者本人進行，也依賴著自身所熟稔的評估準則。

遊戲後，亦可繼續使用開放式問答，提出與遊戲經驗或個人策略有關的問題，評估其投入狀態。當然，你也可以使用錄影記錄，在事後去觀察每位學習者的表現。

> **換你做做看**
>
> 　　請讀者試著用此節提到的參與狀態與行為表現，列出更多對應的具體表現。

小結

　　由於教學者即是評估工具，自身應該要具有評估的準則與即時的分析；這非常需要觀察與評估經驗，以及自身對這些參與狀態與行為表現的經驗。因此，我們再次強調，議題桌遊的設計、教學與評量，都依賴著個人擁有遊戲經驗與議題教學經驗的豐富度。

第八章　從 99 之後：議題桌遊與它們的 H-O-P-S

前一章「議題桌遊與它們的 Gains」提到了桌遊運用在教學現場時應該評估的學習者表現，以及相關的評量方式。

在此章，會以我們團隊的經驗（H-O-P-S），從教育推廣者的角度思考議題桌遊的使用與推廣，也說明和總結桌遊在教與學的內涵。這章的內容不多，更希望的是藉由團隊的角度，拋磚引玉讓大家能有多的想法，並鼓勵大家持續進行議題桌遊的設計、教學和推廣。

我們建議在閱讀此章時，聚焦思考：我想藉由議題桌遊，帶給大家什麼體驗和獲得？

一、HOPS 與理念宗旨

HOPS 是什麼？

本書著者群的團隊歸屬於國立臺灣師範大學科教中心，中文名字是「遊中學科學」，正如其名，是希望參與者能在遊戲中學習科學內涵；而「遊中學科學」唸法與「由衷學科學」相同，也是希望參與者打從心裡喜愛科學。團隊的英文「Heart on playing science」也說明了我們的理念：期望大眾能投心於玩科學，包含自然科學和社會科學；

並且，能將在遊玩過程中所習得的知識、態度與能力，實際運用在生活當中。

基於此理念，我們致力於將學習理論與現場實務相互結合，設計各種學習性與趣味性平衡的議題桌遊，促進大眾的議題涵養；也希望議題桌遊、學習型桌遊能蓬勃發展。因此，我們發展桌遊設計六模化，並藉由此書傳達想法。

HOPS 在想什麼？

在此，我們想分享團隊在桌遊運用於學習的一些心路歷程，讓讀者可以體會我們的想法。在遊戲式學習（game-based learning）盛行時，許多遊戲被設計出來，大家看重遊戲帶給學生的效用，可能是用來引起動機、學習特定知識。

但是，有了遊戲，就真的能達到學習嗎？有了學習，真的有感受到遊戲之樂嗎？不是塞了知識，遊戲就具有學習的意涵；也不是使用遊戲，就會接受和喜愛學習。在新奇效應過後不再玩遊戲，遊戲淪為教科書、教具，有時候實施「遊戲式學習」，可能反而「弒」了學習。

在初期，我們所設計的學習型桌遊，在知識與動機即有所成效；但進一步反思後，發現遊戲促發的僅是知識記憶與理解的層面，稱不上素養學習；在遊戲中所學到的內涵，難以運用在生活上。於是，我們發展和運用模擬化、模式化與模型化，建構遊戲內涵與學習內涵兼具的桌遊；以參與者為學習主體，讓他們自主投入、自發探究、自我實踐，直接在遊戲中建構對議題系統的了解，達到「遊戲是學習」的效果。

更進一步地，我們關注議題中的立場、價值觀與行為。由於這些內涵會因個人和群體而異，每款遊戲切入的議題點不同，所呈現的議題脈絡就會不同；每場遊戲因為玩家間的特性與互動不同，所建構的議題內涵就會有所不同。這使得議題桌遊具有範圍性和變化性，也因此，我們更謹守「遊戲適學習」的觀點，審慎設計和模組化適當的議題內涵。

HOPS 在做什麼？

「遊戲適學習」是團隊的觀點，而「觸發大眾能投心於遊戲中學習」是團隊的理念；基於生活應用的議題學習，在議題桌遊的設計與推廣有其意義與價值，也是團隊的發展目標與內容。我們在做的事有：

1. 桌遊發展

持續針對各項議題與當前重要議題，開發新的議題桌遊，在遊戲中體現議題內涵，建立玩家對議題的理解、態度與行為。

2. 產品客製

公部門、學校、議題團體等各個機構組織有其注重的議題，依循想傳達的議題內涵，協助分析核心問題、建立脈絡，並將之設計成遊戲。

3. 議題推廣

以一般大眾為對象，藉由展覽、體驗、研習等活動，讓大眾能認識議題，體認議題的核心內涵。

4. 議題教育

基於十二年國教議題教育和聯合國永續發展目標，強調素養能力的培養；至各式教學場域進行深度的教學，讓大眾從中建立高層次的知能表現與對議題的適切的態度和價值觀。

5. 教學架構

提供教學者可運用於教學的議題桌遊，以及該桌遊之教學思維、教學準備、教學流程與回顧提問，讓教學者可易於學習並易於使用在教學現場。

6. 學習評估

提供教學者對應於議題桌遊的素養評量、學習記錄、反思討論等能評估學生表現的方法，以及成效分析與報告統整等要點。

7. 設計模式

協助熱血的設計者投入至議題桌遊的設計與推廣行列中；藉由系統化的「六模化」設計，讓設計者有可依循、可參考的議題桌遊設計要點。

二、HOPS 與桌遊學習

HOPS 怎麼看待桌遊？

雖然團隊設計議題桌遊，但我們不認為桌遊是萬能的。正如前面章節所言，不同的教學／學習目的會採用不同的媒材或活動，桌遊僅是可採用的學習媒材和活動之一。了解桌遊在呈現議題的優勢和劣勢，可協助我們判斷桌遊是否適合在特定議題的學習；此外，了解桌遊的優劣勢，能讓我們在設計議題桌遊時，運用既有優勢和透過擴展設計補足劣勢，更完善地發展運用於議題學習的桌遊。

桌遊的優勢在於能結構性的模擬議題系統，從中體認議題脈絡；而人與人面對面的互動，也使得桌遊能呈現議題的社會性、並訓練社會技能；另外，桌遊回饋依賴玩家操作，回饋的外顯性加上重覆的回合，能強化體驗與模擬練習。

然而，回饋的外顯性雖能強化操控的感受，但是人力取代電腦的回饋與計算，使得回饋的細節受限；而桌遊以實體配件為主，資訊呈現方式也有所受限，但這兩部分的劣勢可靠科技輔助來彌補。此外，還有遊戲結束時間的不確定、桌遊突顯重點內容而有其他被忽視的可能，這些也都需要適時引導與補足。

HOPS 怎麼運用桌遊？

將議題桌遊運用在教育推廣，就團隊的理念與本書的宗旨，是將桌遊定位在主要的學習活動與媒材，也就是學生投入桌遊的學習會占

整個議題教學活動的 80～90% 的時間比重。當然，議題桌遊在議題教育的促發與應用，還有其他用途，包括：引起動機、教學輔助、學習活動、表現評量，端看讀者們使用遊戲的使目的，不同的目的與用途也會有不同的內容設計。

1. 引起動機

　　將桌遊定位在教學活動前的引起動機，目的在於引起參與者對議題內容的興趣，並不預設他們需要在遊玩桌遊的過程中，學習到議題的核心概念。使用桌遊的時間比例，大約占整個議題教學活動的 5～20%。

2. 教學輔助

　　將桌遊定位在教學活動的輔助工具，目的是讓參與者能稍微了解議題的內容，或是在活動後更熟悉議題內容。教學者應該有目的、有目標的選擇或設計符合議題內容、對應教學活動的議題桌遊，並讓桌遊與教學相互搭配。桌遊時間大約占整個議題教學活動的 20～40%。

3. 學習活動

　　將桌遊定位在主要的教學活動，目的是讓參與者能直接在桌遊中體認和學習議題的內涵；是團隊的宗旨，且本書的議題桌遊即是以此為目的而設計。教學者所使用和設計的桌遊，應符合議題學習的目標，呈現完整的系統脈絡；此外，在遊玩後的討論與精緻，也相當重要。

4. 表現評量

　　將桌遊定位在評量用途，目的是讓參與者在模擬的情境中，能自主展現自身的智識或能力，讓教學者從中評估其議題表現；這即是實作評量的功用，也是團隊運用議題桌遊的用途之一。

三、HOPS 與桌遊教學

HOPS 怎麼看待教學？

　　桌遊本身即為教學媒材，學習即在參與的過程產生。將議題桌遊運用於教學現場，是以學習者為中心的學習模式；教學者則扮演著主持人與精緻者的角色，在遊戲過程中輔助、引導學生更多的交流與互動思考。

　　議題教學注重在脈絡的理解、態度的建立、行為的養成，不僅是知識概念的單向傳授，更關注高層次能力的養成與運用。立基於建構與人本學習，以及上述的觀點，團隊抱有的想法是：

1. 對參與者保持開放的態度

　　議題桌遊旨在提供一個情境，讓學習者自主探索與建構對議題的理解。不同的個體，對於議題即會有不同的立場和看法，在目的與需求上也會有不同的應對行為；此外，議題的處理也不會有絕對的對與錯。因此，我們尊重學習者個體的想法，讓他們能相互發想與討論適切的解決方法；也不會強制學習者一定要在遊戲中有一致性的表現。

2. 彈性的主持與引導

　　議題桌遊的教學，是參與者、議題桌遊與主持人間的互動，在參與者、主持人不同的情況下，即使運用相同的桌遊也不會都有相同的遊玩結果。因此，我們以參與者的自我學習為首要任務，不強迫他們必須達成預期的學習目標；此外，遊玩過程一直是動態變化與互動的，主持不會有一定的 SOP，我們更關注參與者的即時表現與反應，自己則適時地做為鷹架，引導他們進行多元思考與自主反思。

3. 以行為脈絡做為評估參考

　　運用議題桌遊，並不在於知識的記憶背誦，而是個人在議題態度與行為、社會參與和溝通等高層次表現。值得注意的是，我們不會僅以單一行為評估個人的議題表現；行為具有脈絡性，多方面地觀察與分析他們的目的、想法以及系列行為，才較能窺探一二。此外，正如前面章節所言，參與者在遊戲中的行為可能是針對遊戲本身，而非議題，我們不能武斷地就依行為來判斷其在議題的表現。

4. 對自我的省思與調整

　　我們知道議題桌遊在教學的優勢，也清楚它的劣勢；我們了解桌遊帶給學習者的效用，也知道未能體認部分內涵的可能。在每次活動後，我們適切地評估與修訂遊戲內容，以及省思與調整自身的教學主持。桌遊的主持是一個教學相長的過程，擴大自身的教學態度與方式，能讓議題桌遊的運用更加廣泛。

HOPS 怎麼進行教學？

　　讓參與者在遊戲中自主運行、建構和決策，是團隊運用議題桌遊的核心原則。在此原則下，我們期望促發參與者深層的感觸與學習的深度，在帶教學時：

1. 持續的關注

　　我們時時關注與掌握參與者的遊玩過程、學習狀態與進程發展，這讓我們當遊戲發生突發狀況時，能適當地解決；在遊戲後，能進行有意義的過程回顧、案例討論；這也能協助我們在事後評估和分析學生的學習歷程變化，調整與精進遊戲內容與教學主持。

2. 釋疑與鼓勵

　　我們鼓勵參與者就規則細節，提出問題，這代表他們嘗試體驗遊戲；我們更鼓勵參與者提問可執行的行為，這代表他們嘗試實踐想法。此時，我們會說明遊戲世界的運作原則（即規則），但不會給予具體的策略建議；我們也不會表達想法影響他們，更不會只回答我們想聽到的提問。

3. 行動支持

　　我們會給予參與者能安全、安心表現的環境，讓參與者能以自身的想法，來面對和處理遊戲中的一切，以期獲得真實經驗並進行內省反思。基於此，參與者若有相互提問與回應，自我表述與決策等自主行為，我們會給予正向回饋和支持；更重要的是，應該讓他們與教學

者、與其他參與者間相互信任，不將遊戲中的衝突、競爭等表現，延續到現實中，或做爲人格的評斷。

4. 情境連結

議題桌遊營造了模擬的世界，讓參與者在遊戲中探索與互動，然而，桌遊情境仍與眞實情境有所差異。我們會在規則說明與提問回應中，適時說明遊戲設定在現實的意義；我們也會在遊戲後的討論，將遊戲中的表現意涵，連結至眞實議題，讓參與者就自身的思維與行爲，進行思考與遷移。

HOPS 怎麼進行社群推廣？

設計好的議題桌遊，其運用模式能被複製、被推廣到其他教學者的教學現場，是相當重要的一件事。我們會設計有「教學包」，提供給有興趣的教學者使用，包括：遊戲說明、教學簡報、學習紀錄、表現評量、效用評估等內容。

1. 遊戲說明

遊戲設計者給教學者的資料，包含有講解遊戲規則與玩法的說明書，以及遊戲在模式化四項目的設計概念；也會附上遊戲教學主持的過程範例，和此遊戲的教學安排範例（例如：以遊戲爲主體的 3 小時基本理解，或搭配其他輔助活動的 12 小時深度學習），供教學者參考。

2. 教學簡報

　　教學者給參與者觀看的資料，包含有實際在帶遊戲時播放的簡報、影片；教學者可依簡報鋪陳，進行引起動機與遊戲講解，或發佈該遊戲的額外任務目標、整體情勢發展等資訊。簡報也會提供在遊戲後的分享要點、討論提問和議題相關資料，協助參與者提取遊戲經驗、整構知識。

3. 學生學習紀錄

　　若教學者想要了解參與者的學習歷程，希望這些歷程紀錄可供參與者反思自身的學習和遊戲策略的思考，或做為教學者自我調整的參考；我們能提供桌遊歷程紀錄或學習單，在不影響遊戲體驗下，讓參與者在遊戲中、遊戲後填寫。

4. 表現評量

　　如果教學者想要對參與者的表現進行評估，好了解遊戲對學生在議題學習的幫助或影響，我們提供該議題桌遊在議題內涵上的相關評量。例如：知識評量（選擇題、問答題或概念圖等）、態度評量（李克特量表、反思回饋單等）、行為評量（行為檢核表、評定量表）等。

5. 效用評估

　　若教學者想要獲得效用評估的資料，好方便自我檢核或對外分享，我們提供資料收集和成效分析的方法，也提供分析報表、成效資料或評量報告的呈現表格或建議內容。

四、HOPS 與讀者們的 Q&A

　　至此，我們已全部說明和解釋本書想傳達的重點和內容，即是議題桌遊中的議題學習、內容設計、教學與評量。最後，我們彙整團隊在辦理研習和工作坊時，參加者常提問的問題，相信也是讀者會感到疑問的地方；我們簡述團隊的看法，供大家參考和思考，也請記得這不是絕對的依準。

議題桌遊可以取代一般的課堂教學嗎？

　　依據議題教學的目的與需求，會有對應適當的教學方式，而議題桌遊是眾多教學方式之一。若教學者想要提供一個模擬的議題情境，讓參與者投入在其中自主探索、建構與學習；又或是想要強調議題中的脈絡性和討論性，則可以考慮實施議題桌遊。

議題桌遊跟知識教育桌遊有什麼不同？

　　議題桌遊基於建構與人本，強調個人價值體現、自主行動、溝通互動、社會參與等內涵，而協助理解議題脈絡、建立態度、培養核心能力則是運用議題桌遊於學習的目的；和基於行為、認知的知識教育桌遊在目的與內涵上有所不同。

如何選擇議題桌遊進行教學？

　　我們鼓勵教學者能設計議題桌遊，並利用此桌遊進行該議題的教

學。但若想使用既有的桌遊，則選擇遊戲的核心依準，是這個桌遊的情境與結構是否符合議題脈絡與特性，即模擬化與模型化的評估。其次可能是個人是否能精確理解規則、是否能駕馭該桌遊的教學主持等評估。

議題桌遊教學的成功與否如何界定？

我們認為，教學沒有所謂的絕對性的成功或客觀性的成功，也不會有標準和界定；而是參與者參與議題桌遊的過程與結果，對應於教學者個人所預期的目標的符應程度。運用評量，可協助教學者評估參與者的參與過程與結果。

擔心參與者可能沒有遊玩經驗，不知道該怎麼教學？

撲克牌、擲骰子、麻將、象棋等都是桌遊的一種，基本上參與者都會有聽規則和玩遊戲的經驗。但是考量具情境性、擬真性的議題類遊戲可能會沒有遊玩的經驗，在教學時，應強化情境的引導以及與現實的連結，也建議採用逐步教學的方式。

議題桌遊的參與者是否有年齡限制？

我們認為，只要參與者能辨識圖文、記住規則，便可實施議題桌遊，但需依其背景和能力來安排議題與遊戲內容；就教學主持，也可以因應現場狀況，適時調整些微規則或互動環境。此外，議題具社會性，混齡是可行且也鼓勵的，但教學者需要強調個體差異，並建立參

與者有尊重他人的態度。

桌遊教學的時間長度有限制嗎？

　　教學者可依教學目標來安排遊戲的遊玩次數，但單次遊玩的時間要考量參與者的耐力，依對象安排 1～3 小時的活動。此外，若要同一個遊戲遊玩多次，也應逐步加深加廣遊戲內容，或加強目標與挑戰難度，使參與者保持「激勵」、「心流」與「控制」的動態心流，避免一成不變的遊戲導致參與者落於「無聊」甚至「冷漠」。

議題桌遊的教學是否可以分次進行或遊玩？

　　在教學現場，可能單次遊戲時間不足以玩完一場完整的遊戲，那就需要設計有存檔機制（請參考第五章），好分次遊玩；並且在下次遊玩開始時，先帶參與者回顧上次的遊戲狀況。

如果是系列課程，應該在課程前段還是後段使用議題桌遊？

　　我們認為，這端看教學者的目的。團隊將議題桌遊視為主要學習活動，在系列課程中可自成一個主題或單元的學習活動。若議題桌遊活動在系列課程中，目的是議題內容初步探索，適合放在主要課程之前；若目的是對議題核心內容的體驗與學習，則可以放在中段，做為主要課程；若目的是學習後的表現實施或複習，則適合放在系列課程的後段。

我該如何開始設計桌遊？

　　只要你願意，現在就可以開始設計桌遊了！要知道一件事情，設計是人與生俱來的天賦，只是需要一些刺激和推動，好幫助我們更能精熟遊戲設計這項天賦。爲了達到逐步精熟，我們將遊戲設計的過程分成四個不同的階段進行訓練：體驗階段、教學階段、改作階段、設計階段。

我一定要按照六模化設計桌遊嗎？

　　不用，只要你想怎麼設計就怎麼設計，遊戲設計的過程就好像雕塑，一塊石頭本身就有屬於它的特性和面貌，還有你依這塊石頭的特性所構想的理想樣貌；我們做的只是雕塑這塊石頭，用任何的工具或方法，讓石頭變成屬於它的樣貌。六模化只是一種設計思維和方法，讓讀者們透過有跡可循的方法，可以從 1 到 100 一步一步的設計出屬於自己的桌遊，而它並不是唯一的。

桌遊設計的過程卡住這麼辦？

　　設計過程卡住有幾種可能，一個可能是你本身的遊戲玩法資料庫不夠多，這個時候可以多玩些桌遊，將別的遊戲的機制轉化成自己的資料庫，說不定還會有意外的創意產生；另外一個可能是在議題內容的呈現和學習內涵上不知道怎麼繼續設計下去，我們建議你可以多找同儕、朋友、設計師或是我們團隊做交流，或許會幫助你看見一些設計上可以突破的點。

我怎麼知道我設計出來的桌遊好不好？

　　這個問題要回到你的遊戲設計目標是什麼。是議題本身呢？還是學習？又或是營利？另外，值得思考的是，遊戲的好或不好一定要與有趣有關嗎？有不有趣是一個相對主觀性的問題，而且即便這遊戲沒有非常有趣，但只要你設計出來的議題桌遊，能回應到你的設計目標，那麼便是一個好的設計，因為你已經嘗試解決一個問題、達成任務了。

我為什麼要花時間設計議題桌遊？

　　學習一件新事物本來就是需要一段時間的，如果碰到這個問題，還請沉澱與思考，自己設計議題桌遊的初衷是什麼：傳遞和推廣議題？大眾於議題的接觸和體驗？高層次認知與能力的建構？議題內涵的探究與實踐？以人為本的情感與同理？互動共好的價值體現？學以致用的學習環境？在這裡我們無法給予精確的回應，因為這涉及讀者自身的想法；但我們很歡迎相互交流。

結語

　　議題桌遊不僅是內容的傳遞，更多的是在自我表達、個人態度的反思，以及與他人的互動行為和能力。我們團隊基於建構與人文的理念，設計議題桌遊，藉由擬真的情境和嚴謹的回饋，讓參與者能投身在遊戲中，自主探索與學習。

　　議題桌遊關注在將遊戲中的體驗和所學，遷移至現實生活中。情

境與角色觸發參與者覺知議題脈絡、省視自我；目標與事件促使自主投入在遊戲，自發主動的學習並實踐在遊戲中；互動與交流體認個人對社會、自然和文化的定位與發展。這些特性和環境，使得議題桌遊在議題涵養的培養上，對於促進參與者在系統思考、問題解決、自我精進、探究實踐、溝通表達、公民意識、團隊合作等表現有所助力。

　　基於議題桌遊的內涵，我們發展了議題桌遊六模化，期望透過六模化，能夠降低議題桌遊設計的難度門檻，幫助設計者能順利的依據預期目標，設計出具有高度學習內涵的桌遊。我們也撰寫了這本書，希望能從 0 到 100 帶領讀者思考和練習議題桌遊的設計與運用；包含四個階段的基本功、六模化的操作、教學與評量的應用等，書中整合學理原則與實務案例並進行解說與提供建議，期望能引導讀者完成議題桌遊的設計，幫助更多夥伴發揮創意投入議題桌遊的開發。

　　最後，非常歡迎對議題桌遊設計與推廣有興趣的朋友，與我們聯繫或合作！

遊中學科學 **FB** 粉絲　　遊中學科學官方 **Line**　　　科教中心網頁

議題桌遊培養參與者的議題涵養

國家圖書館出版品預行編目資料

從0到100的議題桌遊設計實戰／國立臺北教育
大學　自然科學教育學系　鄭秉漢著. -- 二
版. -- 臺北市：五南圖書出版股份有限公
司, 2022.07
　　面；　公分
　ISBN 978-626-317-853-3（平裝）

1.CST: 教學活動設計　2.CST: 桌遊

521.4　　　　　　　　　　　　111007414

5A87

從0到100的議題桌遊設計實戰

作　　　者 ― 國立臺北教育大學 自然科學教育學系 鄭秉漢

繪　　　圖 ― 周芊宥

發 行 人 ― 楊榮川

總 經 理 ― 楊士清

總 編 輯 ― 楊秀麗

副總編輯 ― 王正華

責任編輯 ― 張維文

封面設計 ― 鄭云淨

封面完稿 ― 姚孝慈

出 版 者 ― 五南圖書出版股份有限公司

地　　　址：106台北市大安區和平東路二段339號4樓

電　　　話：(02)2705-5066　　傳　　真：(02)2706-6100

網　　　址：https://www.wunan.com.tw

電子郵件：wunan@wunan.com.tw

劃撥帳號：01068953

戶　　　名：五南圖書出版股份有限公司

法律顧問　林勝安律師事務所　林勝安律師

出版日期　2021年2月初版一刷
　　　　　2022年4月初版二刷
　　　　　2022年7月二版一刷

定　　　價　新臺幣380元

經典永恆・名著常在

五十週年的獻禮——經典名著文庫

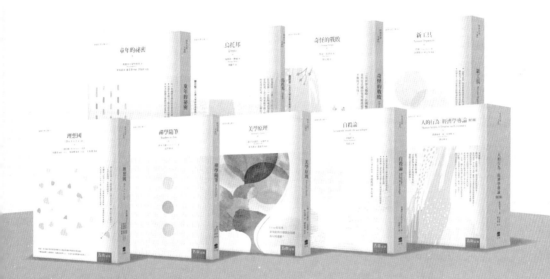

五南，五十年了，半個世紀，人生旅程的一大半，走過來了。

思索著，邁向百年的未來歷程，能為知識界、文化學術界作些什麼？

在速食文化的生態下，有什麼值得讓人雋永品味的？

歷代經典・當今名著，經過時間的洗禮，千錘百鍊，流傳至今，光芒耀人；

不僅使我們能領悟前人的智慧，同時也增深加廣我們思考的深度與視野。

我們決心投入巨資，有計畫的系統梳選，成立「經典名著文庫」，

希望收入古今中外思想性的、充滿睿智與獨見的經典、名著。

這是一項理想性的、永續性的巨大出版工程。

不在意讀者的眾寡，只考慮它的學術價值，力求完整展現先哲思想的軌跡；

為知識界開啟一片智慧之窗，營造一座百花綻放的世界文明公園，

任君遨遊、取菁吸蜜、嘉惠學子！